LA ASTROLOGIA EN EL SIGLO XXI

LA EVOLUCION

EDU PETRIATI

While every precaution has been taken in the preparation of this book, the publisher assumes no responsibility for errors or omissions, or for damages resulting from the use of the information contained herein.

LA ASTROLOGIA EN EL SIGLO XXI - LA EVOLUCION

First edition. May 25, 2024.

ISBN: 979-8224321490

Written by Edu Petriati.

Tabla de Contenido

Agradecimientos

Vaya mi sincero y eterno agradecimiento a Luis Cleve, quien ya no se encuentra entre nosotros, quien fue mi maestro y guía en el tema de la astrología, un gran amigo con quien compartí innumerables gratos momentos de charlas y cafés.

Introducción

En el 2018 se publicó La Astrología en el Siglo XXI. El propósito del libro era presentar al lector una visión distinta a lo que comúnmente se habla de astrología. Por lo general el tema se centra sobre el signo natal, ascendente y demás aspectos, cuando es solo una parte de los distintos componentes que conforman a un humano, no es solo la carta natal.

En el anterior libro se tocaron temas del funcionamiento del cuerpo humano desde el punto de vista energético y como el medio ambiente, el cual incluye nuestro sistema solar, nos influye en nuestra parte energética y de funcionamiento.

La astrología es solo un sistema de medición, el cual se puede utilizar como un GPS para ver cuál es el mejor camino por seguir dependiendo de las energías planetarias. No es más que eso, pero como cualquier GPS usado en el transporte, también es necesario evaluar en qué estado se encuentra el funcionamiento del trasporte utilizado.

La astrología nos brinda información, pero siempre dependerá de nosotros y de las decisiones que tomemos, de cuál será el resultado de las cosas. Nuestra vida no está predeterminada, solo existen tendencias.

La carta natal puede o no ser condicionante y dependerá de nuestro desarrollo de la conciencia, y es una muy buena herramienta para comprender el camino que transitamos en la vida. Si la carta natal se utiliza solo como referencia cuando estamos pasando un periodo complicado, no estamos utilizando el completo potencial que esta tiene. La carta natal nos puede indicar que es lo que debemos hacer para realizar nuestro trabajo personal con el objetivo de maximizar nuestros potenciales y también conocer nuestras debilidades, para poder trabajar en ellas logrando mejorar su efecto en nuestras vidas.

No olvidemos que nuestra 'programación', la cual comenzó durante el embarazo, continua con el entorno en que nos criamos. Los primeros 7 años son base para formar nuestra estructura de la personalidad, en adición a la carta natal. *"En el mismo pueblo y a la misma hora nace el hijo del rey y el hijo del mendigo"*. Ambos van a tener similar carta natal pero su experiencia de vida va a ser muy diferente.

Artur Adler ya separaba dentro de cada signo su grado de evolución, con lo cual no es igual alguien del signo de Capricornio en estado bruto que alguien del mismo signo que haya trabajado en sus limitaciones. Todo es relativo. Lo mismo sucede con los planetas. Un Júpiter en su estado natural puede llevar a excesos, donde los resultados puedan se vuelvan negativos.

En esta segunda parte *La Astrología en el Siglo XXI – Evolución*, el lector puede analizar distintos aspectos de la psique humana y como esta funciona. Nuestros ejes de movimiento durante la vida giran en torno a cuatro elementos que son la política, la ciencia, la religión y la economía. Aunque no nos percatemos de ello, del momento que logramos tener cierto grado de conciencia alguno o varios de estos elementos van a ser nuestros objetivos por determinados periodos de nuestra vida.

Dane Rudhyar seudónimo de Daniel Chenneviere, nacido en Francia, vivió desde fines del 1800 hasta 1985. Fue un músico, compositor y astrólogo y su principal aporte fue el de relacionar el aspecto psicológico del ser humano con la astrología. Se puede decir que Rudhyar dio lugar al nacimiento de la psicología astrológica. Rudhyar tomo en consideración los desarrollos del psicólogo suizo Carl Jung, y su trabajo consistió en sintetizar ese conocimiento dentro de la astrología.

USEMOS NUESTRO DISCERNIMIENTO para buscar la forma de mejorar nuestra vida, no existen recetas globales, solo personales. Para encontrar nuestro camino a seguir, primero tenemos que conocernos en profundidad y

tenemos que adentrarnos en los rincones más ocultos de nuestra casa XII, analizarlos, procesarlos y limpiarlos. Tenemos que comprender nuestro Saturno, respetarlo y manejarlo. De la misma forma que podemos cambiar nuestro ADN, se pueden modificar los aspectos natales, siempre y cuando seamos nosotros los que estamos en control de nuestras vidas. La astrología nos brinda gran cantidad de información para que seamos nosotros mismos los timoneles de nuestro barco mientras navegamos las aguas inciertas de la vida y podamos llegar al puerto que escogimos.

No hay soluciones mágicas, pero si hay momentos más propicios que otros para comenzar algo. Comencemos por auto conocernos, y aprendamos a respetarnos a nosotros mismos al igual que a los que nos rodean. Muchas veces nos culpamos o culpamos a los demás de las cosas que nos suceden, y creamos cargas las cuales se podrían eliminar con el solo hecho de comprenderlas y racionalizarlas. La astrología nos puede ayudar en ese proceso.

Si cuando lees algo te choca o confronta tus creencias, debes parar y analizar porque te hace sentir de esa manera. Solo piensa que este libro menciona puntos en general, no está hablando de ti personalmente. Si genera ruido, es buen momento para auto analizarse y ver que se encuentra. La carta natal puede ayudar en ese proceso de análisis.

Están las herramientas al alcance de tu mano si quieres mejorar tu vida. Solo abre tu corazón y piensa que nada esta escrito en piedra. Todo se puede cambiar mientras tengamos un soplo de vida.

La era de Piscis está terminando y se está yendo con el mayor ruido posible. Las divisiones entre las personas a llegado a un grado como nunca visto, las noticias más allá de donde lleguen son todas negativas, hablan de calamidades y desastres, las guerras amenazan nuestra existencia, los virus y bacterias pareciera que salieron de un letargo e intentan acabar con el ser humano. No hay duda que Piscis quiere dejar su marca.

Pero la vida continua y Acuario ya se vislumbra como la luz al final del túnel. La tecnología la cual nos puede ayudar a llevar a un nuevo despertar, en la era de Piscis se quiso adueñar de nuestro pensamiento y condicionar nuestra vida al punto que algunos grupos pretenden implementar la 'tecnocracia'. Eso es el final de Piscis.

Acuario, por lo contrario, siendo la era del 'conocimiento', nos lleva a estudiar, saber, comprender que somos y para que estamos en este plano. Primero comenzando por conocernos a nosotros mismos, y luego para comprender nuestro lugar en lo que denominados universo.

Carl Jung fue muy claro cuando dijo *'el que mira adentro despierta, el que mira afuera sueña'*.

Ha llegado el momento de despertar.

Sobre la Astrología

CASI TODAS LAS PERSONAS han escuchado o conocen el termino astrología. Algunos la han estudiado, otros leen los horóscopos periódicamente o compran los libros sobre los signos o las predicciones del año, otros consultan astrólogos; ¿pero cuantos en realidad conocen o entienden lo que la astrología realmente es?

Para comprender que es la astrología, primero se deben tener en cuenta ciertos conceptos fundamentales, que, si bien son importantes, no se mencionan por lo general.

Primero y fundamental, la astrología solo aplica al planeta tierra y sus componentes. Esto puede sonar obvio o descabellado, pero antes de emitir opinión al respecto se debe pensar en lo siguiente. La carta natal presenta el plano celestial desde el punto de vista geocéntrico, tal cual como la palabra lo auto explica, la carta natal grafica como se ve el cielo desde el lugar en la tierra donde nació la persona.

Hoy día está nuevamente en las noticias los viajes a la Luna y las nuevas misiones programadas a nuestro satélite como así también futuros viajes a Marte. Esto nos hace pensar en un futuro no muy lejano, donde terrícolas podrán pasar tiempo fuera del planeta. Pensemos en los astronautas que están en la estación espacial por meses, como les afectan los ciclos a estas personas, de seguro no de la misma forma que si estuvieran sobre la tierra. Y que hay cuando pasan el cumpleaños en el espacio. ¿Cómo se calcula la Revolución Solar de esa persona? Esto no se puede hacer con lo que presenta la astrología hoy en día. En el caso que un astronauta pudiese pasar su cumpleaños en la Luna, directamente no se podría hacer, ya que la astrología no cuenta con un sistema Luna céntrico.

De la misma forma que en la estación espacial están haciendo constantemente pruebas de como germinar semillas en el espacio, ver cómo reaccionan determinados productos y materiales a la ingravidez, o como los tratamientos que siguen los astronautas para compensar el desequilibrio que sucede en el organismo al estar en ingravidez por largos periodos, la astrología hoy día no está preparada para producir resultados fuera de la tierra.

Si bien esta explicación pueda parecer que no tiene nada que ver con la astrología, da la base fundamental para decir que la astrología es una herramienta que se puede utilizar solo en la tierra, y esta sirve para medir los ciclos energéticos que se producen en la misma, en relación a los movimientos de los cuerpos celestes que la rodean.

En el párrafo anterior se define a la astrología como una herramienta. Esta es la otra parte sobre la astrología que por lo general no se tiene claro y da a lugar a misticismo, ocultismo y hasta charlatanería.

Si concordamos que podemos medir los ciclos energéticos de una persona o cualquier ente formado del cual conozcamos la fecha de creación, quiere decir que estos ciclos se producen de una manera repetitiva y medible, y esto permite ver tanto los ciclos para el pasado, como para el futuro.

En la página de la NASA se pueden encontrar las fechas horas y sombras que van a producir los eclipses de Sol y Luna para los próximos 100 años. Pienso que con solo este ejemplo queda claro que los ciclos son predecibles. Por si queda alguna duda, el servicio meteorológico nos dice a qué hora y minuto sale y se pone el Sol cada día en el lugar donde estemos, al igual de cuando cambia la fase de la Luna, con esto se reafirma el concepto. La medición del movimiento de los astros en el cielo es algo que se viene haciendo por siglos.

Hasta aquí nos encontramos que la astrología, solo se puede aplicar a nivel de la tierra y que utiliza los conocimientos astronómicos para identificar el estado de los cuerpos celestes. Si nos remontamos a la información disponible desde milenios, se puede definir que la astrología precedió a la astronomía, ya que el estudio de los cuerpos celestes se hacía en función de determinar su impacto en los hechos diarios. Existía un aspecto practico de aplicación directa, por ejemplo, si se daba la condición para ir a no a guerrear, o de hacer o no una alianza con otro pueblo, si era época buena para la cosecha y demás.

Aquellos que le interese la astrología para saber cómo viene el futuro, lo primero que se debe hacer es ir al pasado. Estamos hablando de ciclos, cada cuerpo celeste tiene su propio ciclo, y los mismos se van a dar en la carta natal produciendo determinado efecto dependiendo del aspecto que hagan. Hay aspectos que se van a repetir cada tantos días, otros cada tantos meses, años y otros una solo vez en la vida.

La clave de ver el futuro está dada en ver y entender el pasado. La frase, "el hoy depende del ayer y el mañana de hoy" resume toda la sabiduría que contiene la astrología. De la misma forma que se dice "que el ser humano es el único que tropieza dos veces con la misma piedra", dando a entender que, si no se aprendió de una experiencia anterior, existe una alta posibilidad que esta se vuelve a repetir.

Para cuando se analicen los tránsitos o progresiones planetarias, es fundamental ver que sucedió en los ciclos anteriores y las consecuencias de estos. No podemos hablar de los ciclos que vienen como algo aislado e independiente, sino dentro de una secuencia de ciclos, los cuales se manifiestan en hechos, los cuales no son más que materialización de la energía del momento y acá entra en juego el estado evolutivo del nativo.

Es importante el comprender en qué estado evolutivo se encuentra la persona. Esto se puede resumir simplemente en ver que se aprendió de los ciclos pasados y como se actuó, ya que la respuesta a los ciclos futuros se encuentra en esto. Cada cuerpo celeste tiene su energía bruta o su energía evolutiva. En la medida que la persona resuelva conscientemente cada ciclo energético complicado, aprenda y evolucione, los ciclos futuros tendrán consecuencias leves o nulas, pero si no se evolucionó, estos pueden ser similares o peores a la vez anterior. Vale aclarar que los actores o circunstancias por lo general no serán las mismas, pero el efecto en el nativo si lo será.

Para la persona que tiene hecho consciente trabajo personal de superación en el manejo de su ego, sus emociones, sus traumas, programación y demás, los tránsitos futuros van a ser muy distintos a los pasados, especialmente cuando se trata de ciclos de energía pesada. Por otro lado, no necesariamente se haya evolucionado en todos los aspectos por igual y pueda que alguna área de la personalidad se encuentre

desarrollada más que la otra. Todos estos son componentes fundamentales para poder evaluar cualquier análisis de lo que viene.

Como se podrá ver, si se toma la astrología como lo que verdaderamente es, el leer el horóscopo, tiene muy poco que ver con la realidad personal. Si bien determinados tránsitos planetarios generan ciertas tendencias que influyen a todos, para llegar al nivel individual, la cosa es mucho más compleja; y esto siempre y cuando la persona se encuentre en el planeta tierra.

Nuestra capacidad de discernimiento en la actualidad

UNO DE LOS PROBLEMAS con los que nos enfrentamos en estos tiempos, es la falta de capacidad de razonamiento que utilizamos ante las cosas. Hemos ido atrofiando nuestra capacidad innata de discernimiento y la hemos reemplazado por el consumo directo de información, sin hacer un análisis de esta o sin entender, que no existen hechos aislados, sino que cada parte forma parte de un todo, el cual está y funciona, ínter relacionado y en constante comunicación entre sí.

Consultamos la astrología en determinado momento para ver que nos está pasando, y por lo general es, cuando estamos atravesando un periodo problemático. Nos olvidamos o no tenemos en cuenta, que tanto los planetas como nosotros, estamos en constante movimiento y que, a cada momento, estamos influenciados por distintos aspectos planetarios, los cuales nos predisponen o condicionan de determinada forma.

La astrología determina que estamos dentro de ciclos energéticos que se repiten, con lo cual, ¿por qué buscamos la explicación de algo limitándonos solo a ver que está pasando en el momento y no tenemos en cuenta en que ciclo nos encontramos y ver si esto se repitió en el pasado?

Si hablamos de hechos significativos, lo más probable que estemos en un ciclo por el cual ya pasamos anteriormente. Consideremos que si bien hay ciclos que se dan una vez en la vida, estos son más de transformación personal a gran escala. Por otro lado, cuando nos encontramos ante situaciones personales complicadas (salud, dinero y amor), estas se enmarcan en ciclos que se repiten.

Para aquellos que no lo entiendan así, vale mencionar que el único propósito por el cual estamos en esta vida es para evolucionar. Estamos en la "escuela de la vida" y el único objetivo es superarnos a nivel personal. Esta tarea, al igual que cuando estábamos en el proceso educativo, los exámenes lo pasábamos a nivel personal, más allá que hayamos estudiado en grupo. Para aquellos que estudiaban en grupo, bien sabrán que por más que estudiaban juntos, algunos pasaban el examen y otros no.

En nuestra vida podemos ser muy exitosos en nuestras actividades, haber logrado acumular riquezas y bienes, haber adquirido fama y demás, pero al final, cuando "se apaga la luz", nada de eso tiene valor. En este plano

pueda que solo quede el recuerdo y no siempre, al igual que las historias verídicas o inventadas que cada uno hará desde su punto de vista, las cuáles nunca van a reflejarse tal cual las experimento o vivió el que ya no está.

En conclusión, para aquellos momentos difíciles por los cuales todos podemos atravesar en nuestras vidas, la astrología es la herramienta que nos permite ubicarnos en tiempo y espacio, no solo para ese momento en particular, sino para poder entender en qué momento anteriormente pasamos por algo similar.

Haciendo un análisis a conciencia del pasado, sin mentirnos, sin ocultarnos a nosotros mismos los hechos reales que pasaron (los cuales solo nosotros los sabemos) y ver como reaccionamos a estos, eso nos tendría que dar la respuesta para comprender mejor la situación por la cual se está atravesando en el presente.

Hay que recordar que todo nuestro ambiente refleja o canaliza las energías planetarias del momento. Las energías pueden ser similares, nuestra respuesta a ellas tendría que ser diferente. De acuerdo con como respondemos, podemos entender si hemos evolucionado o no. Volvamos a rescatar el poder del discernimiento, el cual es nato en cada uno.

¿Yo soy lo que soy?

¿EN ALGÚN MOMENTO TE has preguntado qué es lo que te mueve a pensar de tal o cual forma, de hacer lo que haces, a decir lo que dices, o actuar como actúas? La respuesta más común seria: soy como soy, yo soy así. ¿Pero qué significa soy como soy o yo soy así?

¿De qué depende que nuestras reacciones sean en forma automática, pensada, racional o emocionalmente condicionadas?

Sabemos que tenemos un temperamento, una educación, un medio ambiente y un ADN que de alguna forma nos da una estructura base desde la cual pensamos, actuamos e interactuamos con nuestro mundo exterior. Digamos que cada una de esas partes forma un todo. A cada momento estos componentes están interactuando entre sí con distinta influencia y porcentaje de participación, que dan como resultado nuestros pensamientos y acciones.

Si uno actuara solo desde el subconsciente, uno estaría actuando totalmente como un autómata, casi como un zombi, sin ningún tipo de control "consciente". Si uno lo hiciera en forma analítica y medida a cada momento, pasaría a ser una "computadora", donde cada cosa se analiza en profundidad previo a responder o actuar.

En realidad, la respuesta de como "somos", se da por la combinación de la interacción de las partes antes mencionadas.

Ahora la pregunta del millón. ¿Y qué porcentaje de cada una de estas dos partes se utilizan en cada momento? Se puede aceptar con información empírica que se utilizan los dos componentes, pero el porcentaje de influencia de cada uno, a cada momento es otra historia y no muy fácil de determinar.

Desde el punto de vista astrológico, se diría que ese porcentaje varía según los tránsitos planetarios que estén activos a cada momento y activando aspectos existentes y condiciones en nuestra carta natal. Eso podría explicar porque uno hace o dice cosas que en algún momento las considero "normales o razonables", pero que, después vistas a la distancia, estas no correspondían o estaban fuera de lugar.

Pensemos en esos días o horas que vemos todo oscuro, mal o le buscamos el problema a todo, pero que sin explicación aparente nos sale de actuar o pensar así.

SI ANALIZAMOS LOS TRÁNSITOS planetarios en nuestra carta, lo más probable es que encontremos algún aspecto que nos está activando alguno de nuestros planos internos conflictivos.

Los tránsitos planetarios generan energías que nos traspasan de lado a lado, incluyendo las células y no dejando parte de nuestro cuerpo sin tocar. Estas energías, pueden tener como efecto colateral, la activación de alguna parte de nuestro plano subconsciente relacionado al tipo de energía que se recibe. Dependiendo de los planetas y casas intervinientes en los aspectos en cuestión, así será la programación activada y los actores externos intervinientes.

La clave de una mejor vida se basa en trabajar para desarmar nuestra "programación" o "aspectos natales" mencionados, a modo de superación de los aspectos negativos o condicionantes (si se los puede llamar así), cosa que cuando los tránsitos duros lleguen, no encuentren ningún material para ser activado.

Al no encontrar patrones a los cuales activar, las energías de los tránsitos planetarios pasan de largo sin tener mayor impacto. Si no existe la programación condicionante, los tránsitos duros dejan de serlo, más allá que se pueda tener algún efecto secundario en la parte física.

Las células están siempre expuestas a las energías del medio ambiente, pero en el caso de las energías que mencionamos, al no ser potenciadas por nuestras respuestas reaccionarias, nos afectaran en menor grado. Las consecuencias de reacciones o actos condicionantes pueden traernos como consecuencias situaciones o problemas no deseados, que se pueden manifestar tanto en situaciones externas como por trastornos físicos.

Hay que tener en cuenta que los ciclos al repetirse tienen la función de presentarnos con similares energías cada determinado periodo. El ciclo de la luna es de alrededor de 28 días, el del sol de 365 días, Júpiter de 12 años, solo para mencionar algunos y darnos una idea de los tiempos en que se manejan. Dentro de estos ciclos se generarán energías activadoras o represoras, dependiendo de la carta natal de cada uno y está en cada persona, el trabajar cada aspecto condicionante, para que estas energías cíclicas puedan fluir provocando el menor impacto posible.

Existe un orden y un funcionamiento perfecto y no hay duda de que su único propósito es la superación, la evolución. Es el por qué y el para que de las cosas.

En el plano material las cosas vienen y van. Por mundo material incluimos las posesiones, relaciones y cosas que nos rodean (casa, auto, muebles, libros, ropa, y demás), pero hay algo muy importante que no se considera de la misma forma que son las personas, como familia, amigos, compañeros de trabajo, vecinos, etc.

Miremos hacia atrás y veamos si podemos identificar en nuestras vidas periodos marcados que de alguna forma se repitieron, y si fue así, cual fue el patrón que los guio y nuestra respuesta hacia ellos.

Aprendiendo y entendiendo de nuestro pasado es un buen comienzo de autoanálisis y comprensión para a partir de ahí, poder comenzar un proceso de desprogramación, que nos permita en el futuro una mejor calidad de vida, más allá de los tránsitos planetarios que nos impacten.

El ADN y la Carta Natal

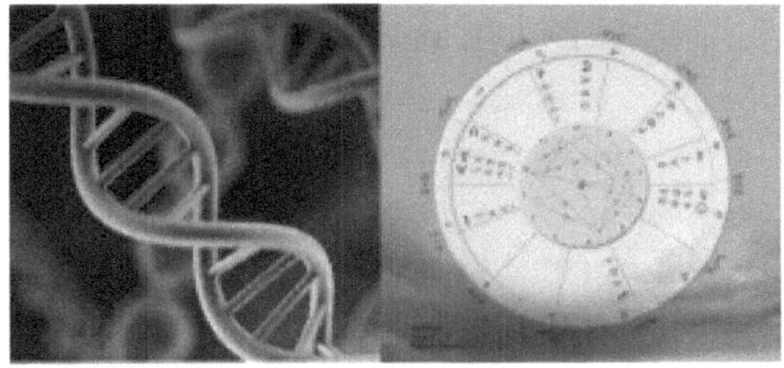

SEGÚN WIKIPEDIA, EL ADN fue aislado por primera vez por el médico suizo Friedrich Miescher, quien en 1869 descubrió una sustancia microscópica en el pus de vendajes quirúrgicos desechados.

Según *The Human Genome Project*, esta fue una de las hazañas más grandes de investigación en nuestra historia. Un equipo internacional de investigadores trabajó incansablemente para secuenciar y mapear todos los genes, conocidos en conjunto como genoma, de nuestra especie Homo Sapiens.

Durante el trabajo realizado entre octubre de 1990 y abril del 2003, el HGP nos dio la capacidad, por primera vez, de leer el plano genético completo de la naturaleza para construir un ser humano.

El ADN lleva las instrucciones para el desarrollo, crecimiento, reproducción y funcionamiento de toda la vida. Las diferencias en el código genético son la razón por la que una persona tiene ojos azules en lugar de marrones, por qué algunas personas son susceptibles a ciertas enfermedades, por qué las aves solo tienen dos alas y por qué las jirafas tienen el cuello largo.

La astrología por otro lado existió por más de cuatro mil años, y ha sido practicada por Reyes, Faraones, Gobernantes, Papas y famosas personalidades en la historia en áreas de la ciencia, artes y la política.

Algunos ven a la astrología como una herramienta de adivinación, y eso es algo que pueda haber tenido origen desde la iglesia católica, pero esa definición dista bastante de la verdad. La astrología es solo una herramienta que nos brinda las características natales de la persona y a partir de ese momento define los ciclos energéticos durante la vida. Ni la astrología, ni nada que nos rodea, nos quita responsabilidad sobre las acciones que tomamos. Estas están siempre bajo nuestro control y dependiendo de esas acciones, como todos sabemos, habrá consecuencias. Se debe considerar que las energías no se materializarán por si solas, sino que tiene que haber una acción que las canalice. La astrología puede determinar el ciclo energético, pero no lo que la persona pueda hacer o dejar de hacer.

Con estos conceptos dejamos atrás la parte de 'adivinación', que no es el propósito de este artículo.

Con los hallazgos del Proyecto del Genoma Humano, ahora sabemos que nuestro ADN contiene un mapa o plano de lo que somos. Detalla desde nuestras características físicas, hasta lo que probablemente será la enfermedad que nos llevará a la tumba, si antes no morimos en un accidente.

Esto significa que, al mirar nuestro ADN y nuestras interacciones en las redes sociales, cualquiera puede tener una comprensión completa de nuestras características físicas y nuestro estado mental. Con la información disponible hoy en día, no hay dudas que somos transparentes y predecibles.

Pasemos ahora a la astrología. Nuestra carta natal proporciona información muy similar al ADN. Al leer la información de la carta, un astrólogo puede identificar en la persona algunas características físicas;

gran parte del perfil psicológico al nacer, qué enfermedad es la más posible a contraer durante su vida, incluyendo la probabilidad de que provocará su salida de este plano. (Incluidos accidentes).

¡Alguien puede decir tonterías! ¡Charlatanería! ¡Blasfemia! etcétera etcétera.

Pero si alguien acepta que el ADN contiene información de nuestras características, cual es la enfermedad con más posibilidades a contraer y el resto, ¿por qué no es de público conocimiento que la astrología ha estado proporcionando información similar durante milenios?

Leer el ADN es solo información, similar a leer una carta natal. Tanto el ADN o una carta natal no evitan que una persona se enferme, a menos que esta tome medidas para disminuir el aspecto débil o condicionante con el que nació. De la misma manera que el ADN cambia a lo largo de la vida debido a los hábitos (tanto físicos como mentales), de la misma manera se pueden 'evolucionar' las condiciones llamémosle 'negativas' indicadas en la carta natal. Este proceso se conoce comúnmente como 'evolución de la conciencia'. En otras palabras, trabajar para pulir las asperezas que uno tiene.

En este punto te queda alguna duda, me permito mencionar lo siguiente, lo cual es mi experiencia personal.

He trabajado una gran cantidad de cartas natales, en su gran mayoría de personas que no conozco, algunas de las cuales ni siquiera conozco sus caras ya que nos comunicamos por teléfono, y todos los aspectos personales mencionados en base a la carta natal estaban en lo cierto. Algunas personas se sorprenden y no pueden creer que simplemente con la carta natal salga información 'reservada' de aspectos personales que estos no comparten con los demás o muy pocas personas conocen. No soy un psíquico, vengo de una formación y exitosa profesión en el área de la tecnología. La astrología era solo un hobby para mí.

Cuando entré en contacto con la astrología años atrás, fui muy desconfiado y no creía en los conceptos astrológicos porque pensaba que desafiaba mi 'libre albedrío'. Me tomó años entender (a fuerza de golpes) que sí tenemos libre albedrío, pero dentro de ciertos límites establecidos previamente (contextura física, familia, país, educación, género y demás).

Resumiendo, se debe entender que tanto el ADN como la carta natal, ambos solo brindan información sobre los condicionantes y potenciales que se traen a este plano cuando se nace.

Las acciones realizadas desde el momento que se tiene conciencia hasta hoy, estas fueron las que marcaron el camino recorrido en la vida. Dependiendo de las acciones tomadas, es posible que hayas modificado tu ADN original, así como también tus aspectos natales presentes en la carta natal.

Este punto es muy importante y vale la pena aclararlo. Uno puede nacer con algún elemento condicionante, pero es uno y solo uno, haciendo uso del libre albedrio, el que lo puede modificar. Cada cosa para mejorar llevará su trabajo y esfuerzo (mental y/o físico), y pueda se logre superarla parcial o totalmente, pero depende solo de la persona para poder hacerlo.

La astrología además de nuestro perfil natal brinda los ciclos energéticos que cada uno personalmente atravesará en la vida. Hay momentos más favorables para trabajar en algo que otros. La astrología provee esa información. No es muy diferente al pronóstico del tiempo.

Si sabes que va a llover, lo más probable es que no vayas a la playa. Con nuestro camino en la vida sucede lo mismo. Si no somos conscientes de los ciclos energéticos de nuestra persona, puede suceder que en nuestra vida decidamos ir a la playa en un día de tormenta. Si esto pasa, ¡No culpes al clima!

Por lo que sabemos, la astrología pone a nuestro alcance información adicional que el Proyecto del Genoma Humano no proporciona, estos son los ciclos energéticos de la vida; a menos que esa información también esté almacenada en nuestro ADN, pero que no se mencionó hasta ahora.

Computadoras, Seres Humanos y Astrología

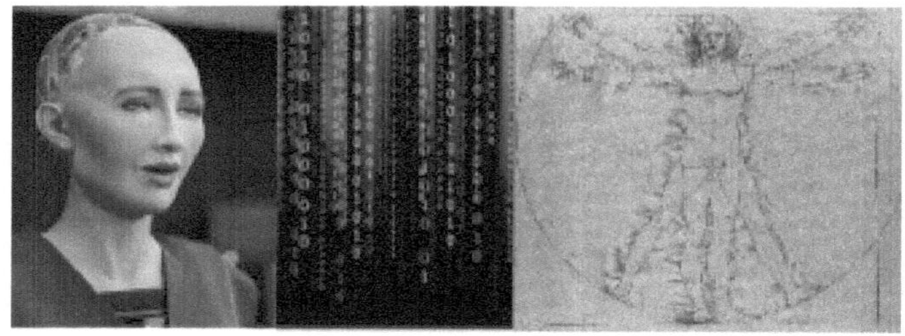

¿CUÁNTAS PERSONAS SABEN que las computadoras, que luego se convirtieron en teléfonos celulares, Smart TV y demás, fueron creadas en base a cómo funciona el ser humano? Si bien al principio esto no pareciera así, en nuestros días con el avance de la robótica y la inteligencia artificial, es más fácil de identificar. Lo podemos ver en los robots que están en el mercado como por ejemplo el androide llamado 'Sofía', al cual hasta se le dio la ciudadanía de Arabia Saudita y expuso ante las Naciones Unidas.

Cuando comenzó la computación era más difícil distinguirlo, pero hoy ya podríamos decir que lo creado por científicos y técnicos es a "nuestra imagen y semejanza". Una frase utilizada para identificar al ser humano y su creador.

Lo que sigue a continuación es un análisis con el fin de adentrarnos en la esencia del ser humano, su mecanismo de funcionamiento y su "programación y libre albedrío", y el uso de estos desde su creación hasta nuestros días. Este análisis pueda que sea rechazado debido a las creencias arraigadas que se tengan, pero para quien lo desestime, le pediría que presente un desarrollo alternativo que desvirtúe lo propuesto aquí. En otras palabras, se puede reemplazar algo, pero por otra cosa, no solo criticar la idea solo por el hecho de polemizar o no comprender el concepto.

Como civilización creemos que hemos avanzado y estamos en la cúspide de nuestro desarrollo, pero como podemos ver hoy, ante una pandemia, la solución fue encerrar a la gente. Cuál es el avance científico del cual hacemos tanto alarde, si ante un problema de salud que sale de lo rutinario, la solución es el encierro. ¿Nadie cuestiona el tal avance de la medicina? ¿Nadie cuestiona la eficacia de los sistemas de salud? ¿Es que en realidad estamos tan avanzados como pensamos?

¡Y de eso se trata, de creencias! Como podemos ver, se puede decir una variedad de cosas, discutir puntos de vista, creer lo que uno quiera, pero la realidad es una sola. Cada uno le va a dar la vuelta según su creencia.

Entendamos de donde provienen nuestras creencias, las cuales las vamos a denominar como 'programación'. Existe suficiente información disponible, donde se explica las 'técnicas' que existen para 'programar' el accionar de las personas. Esto no es nada nuevo, y desde los núcleos de poder se ha venido usando desde milenios.

Los métodos de programación personal y/o social, han sido más evidentes en tiempos más recientes con el nazismo en Alemania, por ejemplo.

¿Cómo alguien puede explicar que niños de edad para escuela elemental, pudieran vestirse como y hacer el saludo nazi? ¿Qué idea puede tener un niño de la economía, la política o el mundo?

En la ópera 'Evita' que fue muy famosa en los años 70, que se refiere a Eva Duarte de Perón quien fuera la esposa del presidente de Argentina a fines de los años 40, principio de los 50, hay una canción que se llama 'Santa Evita'. Esta canción la canta un coro de niños y mientras se escucha la canción, hay una vos que dice 'tómalos cuando son niños...' Esto en clara alusión a imponerles una creencia que les va a durar toda la vida. Una programación, cualquiera sea, en un niño va a ser un condicionante para toda la vida si esta no se cambia.

Su esposo, Juan Domingo Perón, en una alusión dijo, la primera elección la gane con los hombres, la segunda con las mujeres (ya que se habilitó el voto femenino), pero lo más interesante fue que dijo 'la próxima será con los jóvenes'. Y su vaticinio se cumplió cuando el peronismo volvió al poder en el año 1973. Los niños de los años 50s ya estaban en edad de votar en los 70s.

El artículo de ninguna manera analiza el tema político, sino que muestra con ejemplos concretos lo que sucede alrededor del mundo desde tiempos inmemoriales. Ciertos actos de gobierno e inclusive de compañías que proveen productos a nivel global, apuntan a la programación y control de masas, ya sea para el momento o pensando en el futuro.

Una creencia es algo que tenemos incorporado, que pueda o no que sepamos de donde proviene, pero es un condicionante de como actuamos en el día a día. Podemos creer lo mismo que nuestros padres, familiares, maestros, políticos, religiosos, etc. Las creencias pueden provenir de cualquier medio en nuestro entorno. Nunca vamos a poder creer en algo que no conocemos.

A diario aceptamos o rechazamos algo automáticamente, instintivamente se podría decir, pero lo que muchos no comprenden es que nuestro accionar está basado en una base de creencias, gustos y demás parámetros, los cuales se procesan en nuestro cerebro a una velocidad increíble, y en base al resultado obtenido de ese procesamiento, actuamos.

Un ejemplo simple. Vamos a hacer café. ¿Qué hacemos? Buscamos el café, si el café es molido, buscamos la cafetera, si es instantáneo buscamos una taza para poder ponerlo. Luego sigue el agua, si usamos la cafetera le colocamos el agua y la prendemos, si es café instantáneo calentamos el agua. Todas estas acciones, se procesan en nuestro cerebro a una velocidad increíble, al mismo tiempo que estamos mirando la TV o hablando con alguien. No nos damos ni cuenta la velocidad de procesamiento que tenemos.

Todo lo relacionado al hacer café, se puede analizar siempre y cuando lo hayamos aprendido de alguna forma anteriormente. Eso que aprendimos, que muchas veces se puede identificar como 'experiencia', se produjo porque ya sea lo leímos, alguien nos mostró cómo hacerlo, vimos un video, etc. Esa información que obtuvimos, quedo 'almacenada' en nuestro cerebro, la cual será utilizada en el futuro cuando sea necesaria.

Algo tan simple como hacer café, se puede comparar con cada cosa que realizamos a diario en nuestras vidas. En la medida que más incorporemos conocimiento, más fácil se nos hará el procesar la información y tomar nuestras decisiones. Una decisión tomada en base a poca información, lo más probable que no tenga el resultado esperado.

Como seres que poseemos una súper inteligencia artificial, nacemos con un sistema operativo base, y ya desde la gestación, comenzamos nuestra 'programación' la cual continuará el resto de nuestra vida. Nunca se termina. Siempre se puede aprender algo nuevo o desaprender algo que no nos sirve.

Con nuestro ADN, que es la información hereditaria que traemos y nuestra carta natal, vemos nuestros potenciales y nuestras áreas críticas con las cuales venimos al mundo. A medida que nos vamos desarrollando, nuestro medio ambiente comenzará a moldear nuestro sistema de creencias básicas. Estas creencias, no son más que datos cargados previamente en nuestro cerebro, y que se utilizarán para determinar nuestros pensamientos, sentimientos, relaciones, actos y demás.

Para comprender mejor esta parte, veamos lo siguiente. Todos creemos que si permanecemos un periodo largo en temperaturas gélidas morimos de hipotermia, es conocimiento general, pero existen otras posibilidades. Si esa definición fuera totalmente cierta que uno muere de hipotermia bajo ciertas condiciones, como se explica que un monje en el Tíbet medita por horas, a la intemperie con temperaturas heladas y no le afecta. Su cuerpo es el mismo que el resto de los humanos. Como esto, también podemos mencionar de personas que van sin alimento o agua por mayor tiempo al que teóricamente el cuerpo aguanta, y no mueren. O de alguien que logra parar su corazón y arrancarlo nuevamente a voluntad. Esto no es ciencia ficción, está comprobado. ¿Cómo se puede explicar?

Se puede explicar, si nos apartamos de 'nuestras creencias' las cuales son limitantes. De la misma forma que puedo creer en algo, puedo dejar de creer, de la misma forma que aprendo, desaprendo. Cuántas veces hemos creído en algo (sobre una persona, un gobierno, una institución, entre otros), lo cual defendíamos con uñas y dientes, y ante nueva información tuvimos que cambiar de idea.

Ya con este simple ejemplo podemos ver que lo que creemos puede cambiar. Todo nuestro accionar funciona en base a información que tenemos y manejamos en determinado momento. Nada es absoluto.

El proceso de nuestra programación es lento y para poder hacer cualquier cambio, no solo lleva tiempo hacerlo sino también constancia. La única diferencia en este proceso se ha dado con personas que tuvieron experiencias cercanas a la muerte. Existe un gran número de casos, hay libros escritos, donde la persona luego de pasar por una de estas experiencias cambia completamente su vida. Se puede decir que hizo un reinicio de su programación por lo experimentado. La información en base a la cual funcionaba antes se borró o se desactivó.

Cada vez que alguien dice, 'yo soy así' ¿qué es lo que está diciendo? Solo está diciendo que, en base a su programación, responde de esa manera. Pero esta programación no es algo que este escrito en piedra, aunque la mayoría de las personas piense que es así. De la misma forma que un dispositivo electrónico recibe una actualización de su sistema operativo, nosotros tenemos la capacidad de actualizarnos.

Lo aprendido en el pasado condiciona nuestro presente. Si somos conscientes de ello, podemos cambiar lo que no nos sirve y reemplazarlo por algo que mejore nuestra calidad de vida.

En nuestra carta natal podemos ver nuestras áreas condicionantes y nuestros potenciales. Con eso nacimos, es verdad. En un teléfono, pueda que de fábrica haya salido con determina capacidad de memoria y no se puede expandir a no ser que se compre un nuevo modelo. En el caso de los seres humanos, no hay límites, todo se puede cambiar. Solo hay que proponérselo.

Nuestros potenciales determinados por la carta natal los podemos maximizar hasta donde queramos, de la misma forma que nuestros condicionantes se pueden eliminar o minimizar. Si trabajamos en esos dos aspectos, podemos optimizar nuestro funcionamiento y nuestra experiencia de vida a su máxima expresión.

De la misma forma que nuestro ADN puede traer condicionantes para determinadas enfermedades, si sabemos cuáles son, siguiendo una dieta adecuada y una vida ordenada, podremos minimizar la activación de estos condicionantes y llevar adelante una vida saludable.

Cada país establece su plan de educación y lo va modificando de acuerdo con el gobierno o ideología de turno. Si bien podemos criticar tanto al gobierno como a los educadores, tengamos en cuenta que ellos mismos son parte del sistema al igual que nosotros. Lo único que tenemos que pensar es quien está detrás de determinado plan de educación. Por lo general no es quien lo presenta.

Los niños pasan más tiempo en la escuela que con los padres hasta terminar sus estudios básicos cuando son adolescentes. Su 'programación' proviene de alguien con quien podamos o no compartir sus valores, pero no existen muchas alternativas, es un sistema cerrado. Si le sumamos a la educación, el condicionante de las modas, los comerciales, redes sociales y demás, podemos ver que entramos en un terreno donde los padres tienen muy poco manejo sobre la 'programación' de sus hijos. Estos están siendo programados desde otro lugar.

La consecuencia de la 'programación' bajo la tecnología actual en la sociedad, especialmente para los niños y adolescentes, supera sin comparación con cualquier época conocida anteriormente. Esto se da porque la conexión directa que existe entre las plataformas digitales y el ser humano (a través de video juegos, redes sociales, información al instante a nivel global y demás), va creando una programación subliminal, que anteriormente solo se podía lograr a través de la lectura, radio o televisión. Antes los periodos estaban acotados a determinados momentos del día; en este momento cada niño, adolescente y adulto tiene un aparato en su mano la gran parte del día cuando no está durmiendo. No solo eso, la comunicación es personal y directa entre el aparato y la persona, no requiere intermediario u horario. Está disponible las 24 horas.

Cabe solo imaginar que, si se podía 'programar' a las personas en los años que la tecnología era casi inexistente, que puede pasar hoy con el nivel de penetración que existe por parte de un minúsculo grupo de corporaciones que manejan los mercados y el mundo, las cuales trabajan en conjunto con los gobiernos de turno.

¿Qué tendría que pasar para cambiar la realidad actual en la cual vivimos? ¿Acaso haría falta como los casos mencionados anteriormente, sufrir un evento cercano a la muerte a nivel global para reiniciar nuestra programación?

Con la astrología podemos ver que estamos en un proceso de gran cambio que comenzó en el 2008. En el 2020 este proceso se aceleró y está lejos de haber concluido, por lo contrario, desde diciembre del 2020 en adelante este proceso tomó otra dimensión.

La programación en masa tuvo corta duración en el pasado y sus consecuencias no fueron las mejores para la sociedad o el mundo. Este intento actual de masificar nuestra programación con el solo hecho de generar ganancias por un lado, y bajar nuestro nivel de desarrollo humano y personal por el otro, no nos puede garantizar un final feliz en la película que estamos. Esto a largo plazo no sirve, no tiene un propósito válido. Si las experiencias a nivel países conllevaron a importantes crisis y sufrimientos, que se puede esperar de algo que está ocurriendo a nivel global.

Para aquel que no lo vea, desde la astrología podemos decir que lo que viene será muy duro. Para aquellos que lo estén entendiendo, de seguro estarán pensando en disminuir el uso, o directamente desconectarse del teléfono, redes sociales y la TV. Es la única forma de poder comenzar a trabajar en la 'desprogramación'.

Información relacionada

https://es.wikipedia.org/wiki/
Teoria_computacional_de_la_mente

Unidades de carbono y espirituales

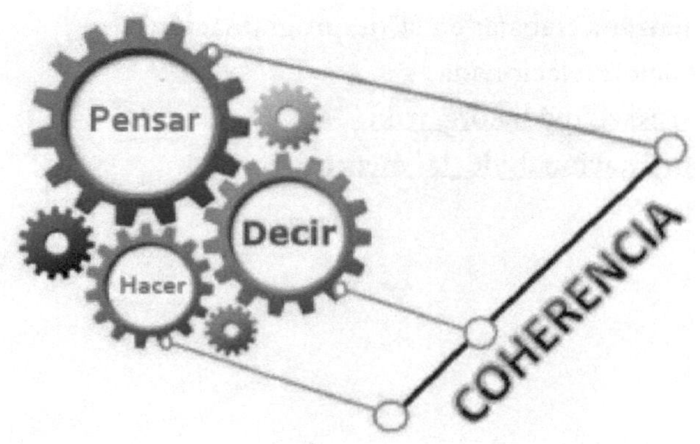

PUEDA QUE ESTE TEMA sea controversial, pero hay que tomar en consideración que somos seres 'pensantes', que tenemos innato el poder del raciocinio el cual se puede desarrollar haciendo buen uso de nuestro centro de procesamiento llamado 'cerebro' y nuestro 'corazón' bien llamado centro de guía espiritual.

Desde tiempos inmemoriales las distintas religiones han impulsado el eje central de desarrollo humano el cual se basa en el pensar-decir-hacer en una misma línea. Vale decir hay que decir lo que se piensa y luego actuar en base a ello.

Si bien hay sobradas muestras de lideres religiosos y gobernantes que puedan esbozar este mantra, son muy pocos las que en la práctica las han llevado adelante.

Las personas comunes que están fuera de esta elite muchas veces mantienen un discurso que dista de lo que piensan, solo para ser 'políticamente correctos'. Esta práctica no hace más que desequilibrar su eje energético. Si se practica esto con el fin de mantener la paz y la armonía, el resultado final dista mucho de la intención puesta.

En algún momento la energía se equilibra, ya que estamos inmersos en un universo que se rige precisamente por el equilibrio energético. Los desequilibrios son temporarios, más allá que no se miden en horas y meses como estamos acostumbrados.

Basados en el eje Pensar-Decir-Hacer habla de lo que somos. La pregunta es la siguiente, desde tu punto de vista, ¿somos seres espirituales teniendo una experiencia terrenal? ¿O simplemente somos elementos de carbono con espíritu?

Dependiendo lo que creas, así será tu accionar en este plano en relación con el eje Pensar-Decir-Hacer.

En un capitulo anterior hablábamos de como la astrología se refería y solo sirve para ser usada en el plano terrenal. Con los viajes espaciales que tanto están en las noticias últimamente, si nos vamos a vivir a la Luna o a Marte, hay que inventar la nueva astrología para esos lugares ya que la que conocemos dejaría de funcionar.

La astrología ve el desarrollo de la persona solo desde el punto de vista terrenal. Para nada se involucra con preceptos espirituales, ya sean de la religión o de creencias que se tengan. La astrología es una 'herramienta'

que sirve para ayudar a transitar la experiencia sobre este plano en la tierra. Como lo enunciamos en innumerables ocasiones, es un GPS de vida, similar a lo que usamos en el auto.

¿Y qué hay del desarrollo espiritual o evolutivo de la persona?

La respuesta es que la astrología puede ayudar en este proceso por el simple hecho de marcar las características personales (las limitaciones y las virtudes), como también los ciclos energéticos que la persona transitará durante la vida.

Si eres una persona que piensa que eres un ser espiritual teniendo una experiencia terrenal, creerás que vienes de algo anterior lo cual podría ser otra vida en este plano o en cualquier otro lugar del universo, y que después de esto seguirás tu camino de experiencias el cual es infinito.

Si eres una persona que crees que eres un organismo de carbono que tiene una chispa espiritual, creerás que nacistes de tu madre, transitaras este plano y al final del camino el espíritu será compensado o penalizado de acuerdo a su desempeño sobre la tierra, más allá que esto suene similar a las leyes terrenales.

De acuerdo a tu creencia, el tránsito por este plano va a ser el mismo, solo va a cambiar tu perspectiva.

Si bien las opciones que se presentan están sobre simplificadas, queda claro que son las que tienen más presencia en nuestros días.

Si realmente crees que eres un ser espiritual teniendo una experiencia terrenal, lo que menos te tendría que preocupar sería el final, sabiendo que el final es parte del proceso. Lo podemos comparar con ir de vacaciones al lugar soñado, o ir a ver una película que la estas esperando hace tiempo para que la estrenen. Vas a disfrutar las vacaciones o vas a ver la película, inmerso en cada momento viviendo la experiencia hasta que esta termine. Pero no vas a estar a cada momento pensando que las vacaciones van a terminar o la película llegará a su fin; porque si haces eso, lo que tanto esperabas que suceda, cuando sucede no lo vas a disfrutar pensando que se termina.

¿Un ser espiritual se aferraría a todo lo que lo rodea? Cuando hablamos de posesiones, personas, títulos y demás, se comprende que todo es pasajero y es parte de la experiencia. De ninguna manera se aferraría a cosas que cuando uno parte no puede llevar consigo.

Un ser espiritual hace las cosas en la medida que estas lo ameritan y son necesarias, siempre considerando a los demás y comprendiendo que cada uno es un ser espiritual con su propio camino a recorrer.

Una madre debe proteger y ayudar a que sus hijos crezcan porque es parte de la naturaleza, pero no puede aferrar a sus hijos como si fueran su propiedad, por ejemplo. Una cosa es lo que corresponde hacer y otra identificarse como propietario de los demás. Se menciona esto a modo de ejemplo, pero vale para cada cosa que rodea a la persona. Cuantos más apegos existan menos espiritualidad hay.

Ahora si te crees un organismo de carbono con espíritu, tu experiencia estará basada en competir contra todo y todos para ser el mejor. Sientes que tienes que superar a los demás, siempre tienes que estar en el podio de los premios. Te valoraras por los logros realizados, por lo que posees, hasta te puedes hacer partícipe de los logros de los que te rodean como si fueran propios. Ejemplo, tu equipo favorito de futbol logra el campeonato y tu te sientes campeón, como si hubieras estado en el campo luchando cada partido.

¿Y La astrología que tiene que ver en todo esto?

Tanto para el que se reconozca como un ser espiritual o un ente de carbono las características natales y los ciclos terrenales serán los mismos.

Cada uno tendrá sus características personales y transitará su vida dependiendo de los vaivenes que se les presenten, pero existe una diferencia substancial en el enfoque de como utilizaran la astrología. Recordemos que la astrología es una herramienta, nada más que eso.

Aquel que se identifique como un ser espiritual usará esta herramienta para auto conocerse, comprender como y porque se siente lo que siente, comprender cuáles son sus limitaciones y trabajar en ellas hasta eliminarlas. Es un trabajo de toda la vida. Por otro lado, usará sus habilidades y las llevará a su máxima expresión, y verá cómo puede aplicar esas habilidades para ayudar a los demás.

Para el que se sienta solo un organismo de carbono con espíritu, usara la astrología para salir adelante sobre los demás, tendrá poco interés en conocerse a sí mismo, pero tratará de conocer a los demás especialmente para ver que ventaja puede lograr en su accionar. Estará en competencia permanente por sentimientos, recursos y dominio.

Referente al Pensar-Decir-Hacer queda muy claro, que la persona que se identifica como organismo de carbono, la mayoría del tiempo no se encontrará alineada en estos tres principios. Rara vez hará y dirá lo que piensa, siempre estará balanceando cual será el resultado antes de decir o hacer. Ese desbalance por lo general se ve manifestado en mala salud o 'mala suerte' con el tiempo. Todas las energías tienden a balancear el desbalance.

Estamos transitando una etapa muy particular en la tierra dado el proceso de evolución que nos encontramos. No hay ninguna duda que los dos tipos mencionados anteriormente corresponden a un antes y un después de lo que será el resultado final de este proceso. Sin lugar a duda quedarán los organismos de carbono con los organismos de carbonos y los seres espirituales seguirán su camino junto a aquellos de similar frecuencia.

Para aquellos que se identifiquen como unidades de carbono, pueda en algún momento cambien de parecer y se sumen al proceso evolutivo. Siempre hay tiempo para cambiar, existe el libre albedrio.

El universo es perfección, si pareciera que no lo es especialmente en la tierra en estos momentos, es porque se está en un proceso de cambio. Este proceso lleva tiempo, especialmente si lo comparamos con los tiempos terrenales.

La ciencia y la astrología

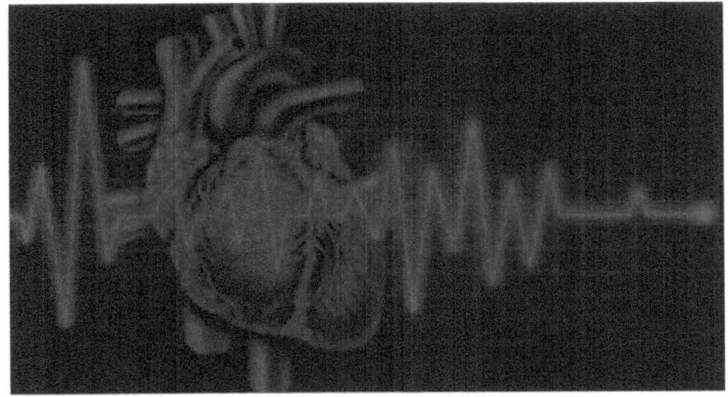

PARA AQUELLOS QUE ESTÁN interesados en la verdadera astrología, vale decir, ir un poco más allá de determinado signo, ascendente y lo común que se conoce, lo que sigue les pueda servir para avanzar en el descubrimiento de lo que realmente es la astrología.

Siendo que uno ya pasó por las distintas etapas de investigación y deducción de las cosas, y sin saber todo, sino simplemente apenas lo suficiente para rasgar la cascara que descubre el gran conocimiento de la astrología, uno se pregunta ¿de dónde proviene tanto conocimiento ancestral?

Si fuera por la historia que conocernos, no hay forma que cuatro mil años atrás, los astrólogos, ya supieran lo que ahora se comienza a comprender con información científica disponible. Y digo información científica disponible, porque lo más probable, es que se sepa mucho más de lo que el común conocemos, o se da a conocer y se divulga.

Me refiero a que no muchos astrólogos hoy día hablan de la astrología como un sistema de medición de energías.

Esto no es una crítica, sino que, simplemente un astrólogo aprende lo que se le enseña y luego con la práctica pule su trabajo y de ahí la diferencia profesional entre ellos. El aprendizaje por lo general se hace en base de información provenientes de cursos anteriores los cuales algunos datan de 50 años atrás o más. Con el tiempo, se han adquirido nuevos conocimientos científicos y estos permiten que se puedan analizar las cosas desde un punto de vista más amplio.

Solo para comprender y poder dimensionar lo que se está expresando, mi maestro en astrología cuando lo conocí, y a quien siempre le estaré profundamente agradecido por todo el conocimiento que me supo transmitir, hacía sus cartas natales manualmente. Cada consulta la hacía con el libro de las efemérides en la mano. Dependiendo de donde había nacido la persona, el manejar los cambios horarios era todo un tema.

Le llevaba un par de horas solo 'dibujar' la carta sobre una fotocopia de una carta natal bacía.

Por los años 90, le lleve mi laptop con un programa que hacia las cartas natales. No podía creer que la computadora hacía la carta natal y mostraba los tránsitos. Hicimos muchas pruebas de cartas que él tenía, cargando la información natal y validando en pantalla el dibujo tal como la carta original en papel. No podía salir de su asombro.

Para no hacer la historia larga, el terminó comprando una computadora y el sistema para hacer las cartas natales y ver los tránsitos planetarios.

Si bien esto que menciono, no cambia la base de la astrología, lo hago para que se vea como un cambio tecnológico puede revolucionar una práctica manual antiquísima.

Cuando menciono que la astrología es una herramienta que sirve para medir los flujos energéticos del momento, lo hago, porque son muy pocos los astrólogos que lo ven desde ese punto de vista. Para comprender que la astrología identifica movimientos de energía, primero tenemos que comprender que el cuerpo humano se basa en el movimiento de energía mientras está vivo. Aclaremos que esto es desde el momento de la gestación, todo comienza en ese punto.

Si primero no se entiende que cada célula, órgano, y hasta un pensamiento se puede medir en su frecuencia, la astrología nunca se podría comprender como un elemento que mide energía.

Lo que sigue a continuación es un ejemplo para comprender mejor lo que se enuncia.

En el libro *La Astrología en el Siglo XXI*, disponible en Amazon, hay una sección relacionada con el trasplante de órganos y su impacto en la astrología.

Por la información disponible salida de MIT (Massachusetts Institute of Technology) y del Pentágono, ahora podemos responder una pregunta relacionada al trasplante de corazón, la cual se presentó en el libro como una incógnita a resolver.

Se mencionó en el libro las experiencias de personas con trasplante de corazón, donde después del trasplante, características de la personalidad del donante fueron adquiridas por el receptor. Este tema está muy bien documentado, hay libros escritos y es conocido en determinados círculos médicos.

La pregunta presentada desde el punto de vista astrológico fue sobre cómo manejar los ciclos futuros del receptor después del trasplante, especialmente relacionados con aspectos del Sol y Leo.

Por la nueva información disponible de MIT relacionada al láser desarrollado con el Pentágono, ahora sabemos que cada latido del corazón tiene características únicas para cada persona. Es como una huella digital. ¡Identifica a la persona!

Conociendo esto, ahora podemos afirmar que, desde el punto de vista astrológico, al analizar cualquier tránsito futuro para una persona que recibió un trasplante de corazón, también se debe incluir los ciclos del donante en dicha evaluación para tener toda la información necesaria para el análisis.

Por extraño que esto parezca, si necesitamos evaluar todos los ciclos de energía, debemos considerar el ciclo original del corazón junto con los ciclos de la persona que lo recibió, de esa manera el astrólogo tendría una

imagen completa del ciclo energético de la persona. De lo contrario, el astrólogo trabajaría con información parcial o incorrecta con respecto a este aspecto.

Por lo que sabemos, en la antigüedad no se hacían trasplantes de órganos, con lo cual una afección cardiaca llevaría a su irremediable desenlace, pero ahora con los trasplantes de órganos, se crea una situación mucho más compleja desde el punto de vista energético.

Vale mencionar que cada órgano tiene una frecuencia definida, lo que aún no se ha dado a conocer, es si un pulmón, un riñón, un hígado, por ejemplo, también tienen las características específicas del individuo, como se da con el corazón. Todo apuntaría que así es, pero por ahora lo dejamos como pregunta a responder.

A medida que sabemos más acerca de cómo funciona el cuerpo humano y sus características, se presenta la necesidad de mantener a la astrología alineada con la nueva información relacionada al cuerpo humano.

Es el nuevo requerimiento del siglo XXI y algo para tener muy en cuenta por futuros astrólogos.

https://www.technologyreview.es/s/11286/el-pentagono-puede-identificar-la-gente-por-los-latidos-de-su-corazon

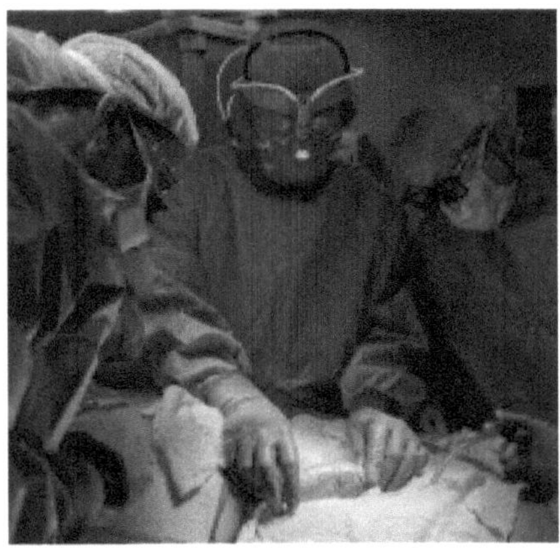

RECIENTEMENTE SE ANUNCIÓ el exitoso trasplante de riñón de un cerdo a un humano. Mas allá del éxito que la ciencia pueda demostrar en esto, queda para considerar cuales son las consecuencias del cambio de órganos en las personas considerando su evolución.

Desde el punto de vista 'mecánico' pueda que funcione, pero desde el aspecto evolutivo de la persona ¿qué puede significar?

A TRAVÉS DE LOS SIGLOS hemos venido avanzando en conocimiento, por momentos conscientes de ello, o como ha pasado en estos últimos años, con cambios tan rápidos que los incorporamos sin darnos cuenta, sin ni siquiera saber de dónde provienen o que consecuencias pueden traer.

En el libro sobre la Astrología en el Siglo XXI se mencionan los trasplantes como un tema a estudiar y debatir en la astrología al igual que las prótesis inteligentes. Se incluyó este tema porque no se conocía información de cómo tratar los tránsitos y progresiones de un trasplantado.

Está comprobado desde hace tiempo que la persona que recibe el órgano, toma cierta particularidades del donante. Desde el punto de vista de la astrología la primera pregunta que se presentaba era entender si el órgano trasplantado seguía funcionando en base a los ciclos de la persona donante, ya que este sería diferente del que recibe la donación. Este punto se presentaba como un comienzo para el estudio de estos casos y eventualmente lograr un consenso de opinión para su uso general.

Hay nueva información con respecto al funcionamiento del cuerpo humano, donde se explica de cómo es el funcionamiento de una célula basado en la interacción con el medio ambiente. El Dr. Bruce Lipton a través de

su extensiva experiencia trabajando con celular madres desde los años 80, explica el funcionamiento celular el cual puede ayudar a comprender cómo funciona la astrología en cuanto a su manifestación energética.

Por lo general se define 'esotérico' todo aquello que la ciencia todavía no puede demostrar. Lo primero que viene a la mente es como la ciencia trataba a los que investigaban los patrones climatológicos como pseudo científicos a mediados del 1800. Hoy día hasta tenemos un canal de televisión relacionado solo a ese tema.

Con el avance de la tecnología, el conocimiento del cuerpo humano y los campos de energía en los cuales estamos inmersos, poco a poco se va dando explicación a cosas desconocidas hasta el momento y nos brinda la oportunidad de ampliar nuestra visión con relación a qué y cómo somos.

En todo este proceso de nuevos descubrimientos, la astrología no solo se refuerza como una ciencia milenaria, sino que demuestra el increíble conocimiento que encierra, y del cual recién comenzamos a entender de cómo es su funcionamiento.

Las células tienen electricidad (trabajan como pilas recargables las cuales se cargan bajo un proceso conocido como el Ciclo de Krebs). También se sabe que las células tienen "receptores" los cuales captan información del campo energético que las rodea. Este campo energético envuelve y conecta a todo con todo. Como lo enuncia la Cronobiología, el cuerpo humano es influenciado por las energías de los efectos horarios, como por la luna y el sol. Vale decir que estamos bajo las influencias de los cuerpos celestes. Se suma a esto efectos conocidos de la luna como son en el ciclo regulador hormonal de la mujer, las mareas, siembra y cosecha en la agricultura, solo para mencionar los más conocidos.

En un video del Dr. Lipton (el cual estaba disponible en el 2019 y ahora es privado) se menciona el caso de una niña que recibió un trasplante de corazón, la cual tenía un sueño muy real y recurrente en el cual ella era asesinada. Luego de averiguaciones con el médico que la trataba dada la situación tan especial, descubren que la niña de la cual provenía el corazón había sido asesinada.

Por la información provista a la policía basada en los sueños que tenía la niña, lograron apresar a la persona que había cometido el crimen.

La única explicación posible para este caso es que el corazón trasplantado contaba con la información y de alguna manera fue trasmitida al cerebro de la niña cuando se encontraba en estado de reposo.

En este caso en particular, no queda ninguna duda que el corazón seguía funcionando en base a la información de la donante, vale decir la información original.

En el libro *Change of Heart (Cambio de Corazón)* de Claire Sylvia y William Novak editado en Londres en 1998 se relata lo experimentado por pacientes que tuvieron trasplantes de corazón, lo cual se asemeja con la experiencia de la niña antes mencionada.

En el caso de que no hubiera 'rechazo' del trasplante, se podría especular que con el pasar del tiempo, a la información preexistente en el órgano, se le iría sumando las nuevas experiencias. ¿Pero qué hay de los ciclos energéticos originales del corazón? ¿Se modificarían y se acoplarían a los ciclos energéticos de la niña trasplantada o sería una combinación entre el anterior y el nuevo?

El mismo proceso que se produjo donde la 'información' del corazón trasplantado se procesó en el cerebro de la niña, de la misma forma los aspectos planetarios nos llegan y son procesados por los receptores celulares, los cuales trasmiten la información al cerebro y a través de él, esta energía se hace consciente.

NUESTRA CARTA NATAL actúa como un filtro por el cual la información proveniente del campo energético (frecuencia) del que somos parte, la transforma y la hace realidad.

Se debe aclarar que estamos hablando del funcionamiento mecánico básico de la astrología, y que de ninguna manera este es determinista, ya que pueden existir diferentes grados de consciencia, los cuales son personales y dependen del desarrollo de cada uno, y estos son un componente más dentro de la evaluación astrológica.

El grado evolutivo sin lugar a duda modifica los 'receptores' que tenemos y eso hace la diferencia entre una persona y otra. Un monje meditando en temperaturas gélidas sin ninguna consecuencia, podría terminar en una neumonía en una persona menos evolucionada bajo las mismas condiciones climáticas.

El estado evolutivo supera ampliamente al estado físico. Un faquir supera ampliamente en condiciones extremas de supervivencia al mejor físico culturista.

Si vemos que frecuentemente somos 'victimas' de los aspectos planetarios, lo más probable es que estemos descuidando nuestro proceso evolutivo y estemos más compenetrados en los aspectos mundanos.

Exitoso trasplante de riñón de cerdo a un humano:
https://publimicro.cl/exitoso-trasplante-de-rinon-de-cerdo-a-ser-humano/

HEMOS MENCIONAMOS EL tema relacionado a las vibraciones del corazón y como estas son únicas para cada individuo, las cuales pueden identificar a cada persona al igual que las huellas digitales.

El objetivo de tratar estos temas se debe a que, la mayoría de las personas no entiende como las energías en las cuales estamos inmersos permanentemente, pueden interferir con nuestro funcionamiento.

La astrología "mide" las energías que se manifiestan entre los cuerpos celestes del sistema solar y nosotros. Es un sistema de medición que analiza las energías que genera cada planeta, pasando por la grilla que es nuestra carta natal, dándonos un resultado personalizado en esa combinación.

Por si alguien todavía tiene alguna duda, pueda ser que con la información que se dio a conocer en estos días, este principio enunciado quede más claro.

Está disponible en el mercado un dispositivo de sonido el cual podemos escuchar directamente sin el uso de auriculares. Lo interesante de esto, es que, mientras nosotros si escuchamos los sonidos del aparato, las personas que están a nuestro alrededor no los escuchan.

Esta tecnología permite estar jugando un videojuego, hacer una teleconferencia, escuchar música, ver videos y demás, sin tener auriculares puestos, por lo cual uno también escucha el ruido ambiente.

Lo que se podría definir como ciencia ficción (o en otros momentos se hubiera definido como magia), hoy la tecnología lo hace posible.

Para aquellos que comprenden el tema de las vibraciones y frecuencias, tanto en nuestro cuerpo como en nuestro medio ambiente, podrán darse una idea de cómo funciona el nuevo dispositivo.

Para aquellos que no, lo que sigue pueda les ayude a comprender mejor. Nuestro cerebro procesa información a través de nuestras neuronas, basado en información recibida en modo de frecuencias e impulsos eléctricos que provienen desde nuestros cinco sentidos, en adición a información que nos llega de otras fuentes, como

pueden ser el medio ambiente, otras personas y también de cosas que no vemos, pero que si poseen un campo energético.

¿Cómo llega por ejemplo la música a nuestro cerebro, para que este la procese y podamos escucharla?

Nuestro sistema auditivo a través de todos sus componentes capta un sonido y genera un estímulo eléctrico el cual va al cerebro para ser procesado, y como resultado podemos 'escuchar' el sonido. Lo que se describe es una secuencia de acciones que suceden en un tiempo para nosotros imperceptible. Esto nos puede dar una idea de la velocidad de procesamiento que tiene nuestro cerebro.

Dejemos el oído de lado por un instante y pensemos ¿qué pasaría si se pudiera generar una frecuencia que nuestro cerebro interprete como que proviene del oído, pero que en realidad proviene de otro lugar?

Nuestro cerebro identificaría la señal y la procesaría y escucharíamos ese sonido, más allá de que no estuviera presente en el ambiente. Esta es una manera muy simplificada de cómo funciona este nuevo aparato.

Con eso se puede deducir que tanto nuestro oído, como el resto de nuestros sentidos, podrían ser reemplazados por algún aparato que nos estimulara nuestro cerebro, con información que nosotros 'percibiríamos' de alguna forma, pero la cual podríamos o no saber de dónde provino.

Se ha avanzado de tal forma en el conocimiento de cómo es el funcionamiento de nuestro cerebro, que como podemos ver, se están comercializando dispositivos que interactúan directamente con él.

La pregunta que nos debemos hacer es, ¿cómo diferenciamos si algo que sentimos es real o ha sido 'implantado' desde afuera? ¿Todos los pensamientos que tenemos son de nuestra propia creación?, ¿o pueda que provengan de otra fuente?

Utilizando la astrología, un estado de ánimo que no sabemos de dónde provino porque se dio sin ninguna causa aparente, lo podríamos identificar con algún tránsito de la Luna, por ejemplo.

Gradualmente se va conociendo información que va relacionando cosas que no se comprendían, o se les daba un sentido 'esotérico', y hoy día la tecnología la aplica en forma comercial.

Klaus Schwab, economista, ingeniero y administrador de empresas alemán, con múltiples doctorados y reconocimientos a nivel global, ha escrito un libro llamado *The Forth Industrial Revolution*, o *La Cuarta Revolución Industrial*. Sintetizando, Schwab habla en este libro del futuro que ve para la humanidad, con la unión de nuestra parte física, con la tecnología y la biología. El avance tecnológico ha llegado a un punto tal, el cual permite que un microchip, puede ser implantado en cada persona y con eso pasar a formar parte de una red global, donde toda la información producida por cada persona, incluidos sus pensamientos, se podrían observar y procesar a distancia. Teóricamente el objetivo de esto es prevenir enfermedades, delitos, comprar y vender sin necesidad de llevar consigo ningún medio de pago y demás.

Como con cualquier sistema centralizado, la pregunta que viene a la mente es, quien tiene el control de la información y que se hace con ella.

Con la tecnología que utilizamos a diario, la inteligencia artificial nos está automáticamente dando la respuesta a un email, o nos está bloqueando un artículo que subimos a las redes sociales, nos sugiere amigos y demás cosas que ya tomamos como normales, simplemente porque el algoritmo que alguien programó así lo determina.

En la actualidad las empresas tecnológicas trabajan con muy poca supervisión de los gobiernos, y tienen alcance más allá de las fronteras de cualquier país, con lo cual, es válido preguntarse, donde va a estar el centro de control global, si la visión de Schwab se cumple. ¿Tendremos las personas algún tipo de decisión en ello? Hoy por hoy, con las grandes tecnológicas no lo tenemos. Ellos son los que hacen y deshacen sin ningún tipo de supervisión. Ellos solo miran por sus intereses comerciales.

La astrología solo sirve para medir determinadas energías que nos afectan, pero somos nosotros los que tenemos la última palabra en hacer o no hacer a cada momento. Si todo avanza como se pronostica, realmente tanto la astrología como nuestro libre albedrío se verían limitados, y estaríamos muy cerca de convertirnos en 'borgs' como lo anticipó la serie de ciencia ficción Star-Trek, donde pasaríamos a ser solo un punto dentro del conjunto global, perdiendo en el proceso nuestra libertad e identidad individual.

Referencias:

https://apnews.com/article/new-tech-device-sound-beaming-noveto-38327ae5fe116080a5eaf2374eb0f5c8?mc_cid=a710463c5f&mc_eid=095

https://en.wikipedia.org/wiki/Klaus_Schwab

Como es arriba es abajo, como es abajo es arriba

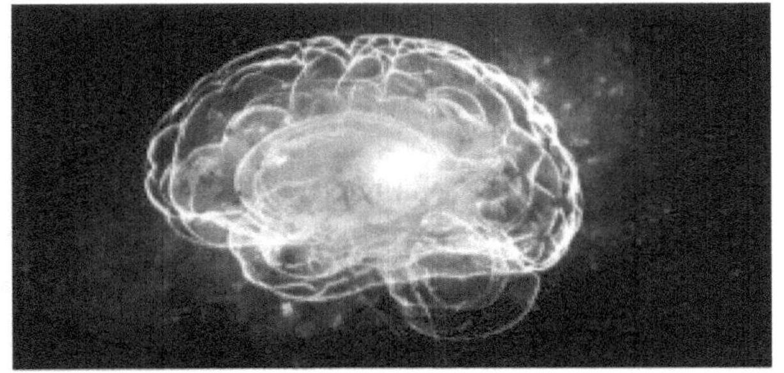

VALE HACER LA SALVEDAD que es necesario una mente abierta y manejar cierta información que, si bien no es algo que se habla a diario, con el acceso que tenemos hoy día a internet, ésta se encuentra disponible a cualquier persona.

Pensemos que muchas veces rechazamos ciertas ideas o temas, solo por el hecho que chocan con nuestras creencias, las cuales puedan o no ser válidas. La persona con la mente abierta está dispuesta a cambiar sus creencias siempre y cuando, nueva información invalide a la que tenía previamente. No es más que eso.

Esta es la base de la evolución del ser humano, no aferrarse a ideas fijas escritas en piedra, sino al de fluir a la par de nueva información.

En noviembre del 2019 publicamos un artículo llamado Universo, Sistema Solar y Astrología, en el cual hacíamos referencia a la información obtenida por las sondas enviadas por la NASA, Voyager 1 y 2.

En el artículo hablábamos de la composición del sistema solar y las similitudes con una célula. Con la información obtenida por las sondas se pudo determinar que existe 'algo' que delimita a nuestro sistema solar, como si fuera una capa o sustancia que diferencia lo que está dentro y fuera del mismo. Nosotros miramos al cielo y vemos un continuo como si no hubiera nada entre los astros celestes, pero como queda demostrado con la información de la NASA, hay cosas que no vemos pero que los aparatos si pueden medir.

Podríamos hacer la analogía de cuando estamos buceando, dentro del agua todo es un continuo y recién cuando uno sale a la superficie, ve la diferencia entre el aire y el agua. Existe algo donde una parte termina y comienza la otra. Algo similar detectaron las sondas.

En un nuevo estudio realizado entre los departamentos de Física y Astronomía de la universidad de Boloña-Italia y el instituto de Neurocirugía del departamento de Neurociencia y Biomedicina de la universidad de Verona-Italia con la colaboración de astrofísicos de la universidad de Hamburgo-Alemania y el instituto de Radio Astronomía de Boloña-Italia, observaron la similitud que existe entre las redes neuronales de nuestro cerebro y la red cósmica entre las galaxias.

Si nos remitimos a un axioma que proviene del antiguo Egipto atribuido a Hermes Trismegistus que dice, 'como es arriba, es abajo, como es abajo es arriba', que luego la religión católica la incorporó al 'Padre Nuestro' en 'así

en la tierra, como en el cielo'; en este momento podríamos decir que esa frase no era algo simbólico como se pensaba, sino 'literal'.

Lo micro y lo macro, todo se comporta bajo el mismo principio.

Estamos descubriendo el funcionamiento del universo, pero todavía no conocemos completamente cómo funciona el ser humano. Y por si alguien no comparte esta opinión, les pregunto, si sabemos todo del cuerpo humano, ¿porque no hay cura para el cáncer, el sida, diabetes, hipertensión y demás enfermedades que nos aquejan? Solo existen paliativos, pero no cura.

No hay cura, simplemente porque todavía no sabemos todo sobre el funcionamiento y composición de nuestro cuerpo, más allá que a veces actuamos como si lo supiéramos.

Los que nos llevó a iniciar nuestro blog fue que la astrología, es un método de medir energías y no algo esotérico como se lo quiere presentar. Con la información que se va haciendo publica cada día que pasa, nos vamos acercando más a que este enunciado sea aceptado en forma general por el común de la gente.

Tratamos de ignorar lo inexplicable, lo que no comprendemos o lo que choca con nuestras 'creencias', pero eso no previene que las cosas sucedan. Nos respaldamos en la 'fatalidad', la 'desgracia', la 'suerte', y definimos a estas como verdades que, en definitiva, no son más que energías que las podemos definir como 'positivas' o 'negativas' desde nuestro punto de vista personal, y que la astrología las puede medir.

Cada elemento dentro de la astrología está acotado, tiene su característica, es predecible y es medible.

Por ejemplo, una cuadratura genera energía restringente, un trígono genera energía expansiva. Saturno es restricción, responsabilidad, mientras Júpiter es expansión y abundancia.

Saturno nunca va a ser expansión y Júpiter nunca va a significar restricción.

Si bien lo que se expresa es una sobre simplificación de las cosas, se hace para mostrar la esencia de la astrología. El comprender esto nos sirve para enunciar las bases de un sistema de medición.

William Lilly, famoso astrólogo inglés, ya por los años 1600s había desarrollado un sistema de valores los cuales se asignaban a los planetas de acuerdo con sus aspectos, horarios, casas y demás. Tengamos en cuenta que Lilly creó el sistema de medición en ese momento y el no tenía acceso a la información o tecnología que disponemos hoy día.

Nosotros como seres consientes no podemos extraernos, ni diferenciarnos del funcionamiento del universo, somos un fractal como parte del holograma universal, de la misma forma que una célula lo es del funcionamiento de nuestro cuerpo.

Como es arriba es abajo, como es abajo es arriba.

Referencia

https://www.frontiersin.org/articles/10.3389/fphy.2020.525731/full

Solo se trata de
vivir...bien

¿SI ALGUIEN TE PREGUNTARA que te podría hacer feliz? ¿Qué contestarías?

La respuesta podría cubrir una amplia gama de posibilidades, las cuales pueden incluir temas como el dinero, la pareja, la familia, un nuevo trabajo, una nueva casa, un nuevo auto, la salud, etc.

Solo a modo de ejemplo, la respuesta es quiero más dinero.

Digamos que sucede algo y llega el dinero en la cantidad que se pidió, eso por supuesto te va a generar un sentimiento de 'felicidad'.

Solo por curiosidad, ¿cuánto durará ese sentimiento de felicidad? ¿Que produjo esa sensación que la podemos llamar de alegría o felicidad?

Algo para tener en cuenta es que ese sentimiento no va a durar indefinidamente.

Pero que hace que ese sentimiento se diluya en el tiempo, y que justificado o no, salgamos a la búsqueda de la próxima cosa que nos traiga felicidad.

Pareciera que siempre estamos en la búsqueda de algo externo que no tenemos, que nos traiga esa alegría, o esa felicidad, y de la cual estamos en la constante búsqueda.

La astrología nos enseña que todo es movimiento, y que ese movimiento no es lineal, sino circular. Todos vemos a nuestra vida como un camino hacia adelante en línea recta, pero no lo es, es circular. Para poder comprender mejor la definición pensemos en esto.

Si quisiéramos dar una vuelta a la tierra, podemos salir en cualquier dirección siguiendo una línea recta y más allá que atravesaríamos ciudades, ríos, mares y montañas, volveríamos al mismo lugar desde donde salimos. La tierra es esférica. Nuestra percepción nos diría que viajamos en línea recta, pero la realidad es que dimos una vuelta a la circunferencia de la tierra.

De la misma forma se desarrolla nuestra vida, y la astrología lo menciona en los ciclos planetarios por los cuales transitamos.

Ese ciclo circular de la vida como nos habla la astrología, también se puede representar como la máquina de un reloj mecánico, el cual está compuesto por una gran cantidad de engranajes los cuales se mueven a distinta velocidad.

Cada parte coordinada entre sí, girando a distintas velocidades con un único propósito. El movimiento de los engranajes esta predeterminado y esto permite saber, la posición de cada parte del engranaje a cada momento, tanto para el futuro, como para el pasado.

Para citar alguno de los ciclos en la astrología vale mencionar la Luna 28 días, el Sol 365 días, Júpiter 12 años, Saturno 29 años, Plutón 240 años. Todos datos aproximados, pero solo para dar una idea de la relación que tienen.

Si nos imaginamos la máquina del reloj, la Luna es un engranaje bien pequeño, que es el que más rápido gira, mientras que Plutón es el más grande del aparato y se mueve muy lento. Todos estos engranajes van a estar en constante movimiento en forma coordinada. Así funciona nuestro sistema solar, y posiblemente otros sistemas y la galaxia.

Ahora veamos el cuerpo humano. El cuerpo humano está en constante movimiento, así estemos postrados en una reposera tomando sol. Cada célula de nuestro cuerpo vibra a determinada frecuencia, cada órgano vibra a determinada frecuencia, todo en coordinación. Nuestro corazón genera un campo magnético (vibración) que es único, y hasta se puede identificar a una persona por ese campo magnético, ni más ni menos que como con la huella dactilar. Como podemos ver, somos más de lo que podemos ver o sentir.

Nuestro cerebro está en permanente funcionamiento, así estemos despiertos o dormidos, generando ondas que van desde Delta hasta Gama. Estas se pueden medir, más allá que nosotros no nos demos cuenta de que varían.

Aunque veamos a las cosas estáticas y sólidas, todo está en constante vibración como lo determinan los principios de la física y mecánica cuántica. La tierra genera lo que se denomina la frecuencia Schumann, y los distintos cuerpos celestes también tiene cada uno su frecuencia en particular. Vale recordar que estos nos estas afectando o interfiriendo con nuestro funcionamiento, más allá que nos demos cuenta o no.

Si queremos entender como funcionamos, debemos cambiar muchas de nuestras creencias que estén basadas simplemente en nuestros cinco sentidos.

Hay mucha más actividad no reconocida e interactuando con nosotros que lo que nuestros cinco sentidos perciben. Toda esta actividad nos puede condicionar y afectar de distintas maneras.

Volviendo al tema de que nos hace feliz, el estado de 'alegría' se manifiesta en el cuerpo por un determinado nivel de frecuencia cerebral, la cual está presente en una parte determinada del cerebro, con la consiguiente reacción química en el cuerpo, la cual se activó en el caso que mencionamos, por haber recibido el dinero que queríamos.

Vale decir una influencia externa como haber recibido el dinero que queríamos, generó una secuencia de eventos en el cuerpo, la cual nos hizo sentir de determinada forma.

En realidad, la felicidad, no es más que una reacción química en el cuerpo, que a su vez aumenta nuestro campo energético y todo lo que eso implica.

Para aquel que tenga alguna duda de que esto es así, solo le queda investigar porque la gente consume cocaína, y cuál es el efecto que esta produce en el cuerpo.

En este caso, la cocaína es el elemento externo, que, al entrar en el flujo sanguíneo, desencadena una seria de reacciones en el cerebro y se manifiesta en todo el cuerpo, el cual se percibe como un determinado estado de ánimo.

El problema de la dependencia se da porque simplemente la modificación del normal funcionamiento del cuerpo por un agente externo, como la droga en este caso, crea una estimulación instantánea difícilmente reemplazable con otra cosa.

Esto solo para aclarar que nuestro estado de ánimo se modifica simplemente por la intervención de un agente externo (el cual podemos procesar con nuestros cinco sentidos o no), el cual interfiere con nuestro funcionamiento mental y físico.

Ahora vamos a entrar en un terreno, donde las definiciones que se plantean, puedan o no choquen con tus creencias.

El universo funciona y evoluciona por la simple razón que existe lo que podemos conocer como 'equilibrio'. La evolución es natural, siempre y cuando exista el equilibrio.

El equilibrio no se refiere a mantener una balanza con pesas iguales en ambos lados, sino simplemente que las energías que se mueven a cada momento estén en equilibrio. Que las energías que podemos definir como positivas o negativas, estén en un permanente balance. También las conocemos como el Yin y Yang, luz y oscuridad y tantas otras definiciones que identifican lo mismo.

Si en determinado momento se generó una energía positiva, esta se tendrá que equilibrar con una negativa en orden de mantener el equilibrio. Si algo gana, algo pierde, el resultado final es siempre cero.

Volviendo al tema de la droga, aquel que se mantenga energizado por la droga, está generando una energía 'positiva' en su cuerpo, que en algún momento se tendrá que nivelar. Se puede mantener determinado nivel de energía solo al seguir consumiendo, pero cuando falte la droga, llega la compensación energética, la cual se puede representar en depresión, agresión y todos los trastornos asociados a la falta del estímulo externo.

No olvidemos que siempre el balance de cualquier acción será cero, vale decir neutro. Es el equilibrio lo que mantiene todo funcionando.

Estamos hablando de energía, donde cada parte genera la suya, tanto positiva como negativa, y esto se manifiesta tanto con el medio ambiente, las personas, como con los astros celestes.

De la misma forma que podemos ser 'influenciados' positivamente al recibir el dinero que queríamos, podemos ser influenciados por la energía de Júpiter que es expansión y el sentir de bienestar; o con hechos que nos apesadumbran, o nos ponen mal, y en este caso, Saturno es el más indicado para influenciarnos de esa forma.

¿Entonces cuál es la clave para vivir bien?

Sin entrar en el tema religioso, todo el mundo conoce la frase, "los siete años de las vacas gordas y los siete años de las vacas flacas". Esta simple frase lo único que está diciendo, es 'todo lo que sube, baja'. A los tiempos de abundancia le seguirán los tiempos de escasez. A los tiempos de felicidad, le seguirán los tiempos de tristeza.

Esto puede sonar muy fatalista, pero no es más que una realidad, realidad que uno puede aceptar, o rechazar. Pero más allá de ello, queda demostrado por los hechos y vivencias en la vida de cada uno.

La astrología simplemente indica los ciclos energéticos por los cuales transitamos. Pero ¿para qué sirven estos ciclos?

Los ciclos tienen como principal propósito el de superarnos como personas, como entidades con conciencia. Los ciclos se repiten en determinados períodos, lo que nos da la posibilidad de recorrer algunos caminos más de una vez. Los ciclos nos dan la oportunidad de remediar y superar cosas que cuando transitamos la primera vez, eran desconocidas para nosotros.

Reconocen el dicho, ¿tropezar más de una vez con la misma piedra? Como vemos no hay nada nuevo bajo el sol.

La carta natal detalla tanto los aspectos potenciales como los restrictivos en nosotros. La evolución simplemente habla de eliminar los 'condicionantes' con los cuales nacimos. Todos los aspectos positivos con que contamos son las herramientas a nuestro alcance, para poder trabajar en nuestros condicionantes.

Nada está escrito en piedra.

Si queremos 'vivir bien', lo primero que tenemos que hacer, es ser conscientes de nuestras limitaciones, aceptarlas, reconocerlas y trabajar para superarlas. Esto nos llevará a equilibrar las energías que generamos, tanto negativas como positivas, las cuales se activan a través de nuestros pensamientos, palabras y actos.

Es importante el comprender que todo funciona cuando hay balance. El pretender vivir todo momento 'en alegría, felicidad y bienestar', es un gran error y si se intenta, luego se pagarán las consecuencias.

Recordemos que, por cada momento de euforia, le sigue un momento de tristeza para equilibrar. Esto lo podemos ver tranquilamente en un partido de futbol, donde en un mismo partido se pasa de la euforia de ir ganando, a la depresión de perder al final. Un partido de futbol dura 90 minutos, nuestro 'partido' dura toda la vida.

El equilibrio se logra al trabajar en nuestros sentimientos y las energías que estos generan, disfrutando cada momento de la vida, pero siempre teniendo presente, que cuanto más se disparen las energías del centro de equilibrio, más grandes serán los ajustes que vamos a recibir en el futuro. Todo tiende naturalmente a nivelarse.

La astrología nos ayuda a comprender los ciclos personales que vivimos, y al conocer esto, nos da la posibilidad de navegarlos de la mejor manera posible, teniendo en cuenta que, si bien todo es vibración, hay que lograr estar en estado neutro o equilibrado, pero sin dejar de vibrar. De nada sirve estar en estado neutro pero muerto.

Nuestro comportamiento debería tener como objetivo, vivir en ese centro de equilibrio, que de ninguna manera significa no sentir las cosas, ya que para eso tendríamos que anular nuestros cinco sentidos y desconectarnos del universo, sino que nuestra conciencia es la que tendría que ser la conductora de nuestra vida. Si nuestra conciencia dirigiera nuestra vida en lugar de nuestro ADN astrológico marcado por la carta natal, eso nos alejaría de ser siempre el ganador de nuestras aptitudes y el perdedor de nuestros condicionantes.

Las características natales son simplemente los elementos con los cuales comenzamos nuestra vida, de ninguna manera tienen que ser los mismos con los cuales la finalizamos.

Si al final de nuestra vida terminamos con el estado bruto con el cual nacimos, simplemente esto diría que fuimos por la vida como un barquito de papel a la deriva de la corriente, sin timón y sin capitán, al cual lo podríamos definir, como nuestra conciencia. Que significa la frase, ¡sos un inconsciente! Todo lo expresado en este artículo, es sabiduría milenaria que pareciera se ha dejado de lado en nuestros días.

Tengamos presente que, a partir de cierta edad, es nuestra conciencia la que debería dictar cada acto de nuestra vida. Si así se hiciera, podríamos disfrutar al máximo de nuestra experiencia de vida.

No dejes que nada ni nadie condicione tu vida, si siquiera tu carta natal, pero para eso tendrías que ser consiente de cada uno de tus actos.

El Arte de Vivir

¿QUE VINO PRIMERO EL huevo o la gallina? Esta pregunta que parece una tontera encierra muchos misterios que tranquilamente podrían aclarar las influencias de la carta natal en nuestra vida.

Si bien algunos creen en la evolución y todo comenzó con el 'Big-Bang' y la vida de microorganismos en el agua, que en algún momento se arrastraron a la orilla, para luego evolucionar y crecer patas para poder moverse en la tierra, y de ese proceso un día llegamos nosotros, para otros, la creencia es que fuimos 'creados'.

En ninguna de las dos hipótesis queda claro si lo que se creó primero fue el huevo o la gallina.

Para nada vamos a tratar de dilucidar eso ahora, pero si vamos a utilizar esa relación del huevo y la gallina para tratar de explicar la carta natal y su manifestación en nuestra vida.

Tomemos el ejemplo de una carta natal que tiene planetas y aspectos complicados en su casa III. La casa III se relaciona con los familiares cercanos como hermanos, tíos, primos, los vecinos, con los viajes cortos y la comunicación para resumir el alcance de esta casa.

Mas allá del aspecto natal, durante la vida habrá tránsitos que impacten esos planetas en la casa III, activando las energías que los aspectos producen. Consideremos una conjunción, cuadratura o una oposición que por lo general activan energías de choque.

La pregunta que nos debemos hacer es si las personas que nos rodean son las que generan los conflictos o problemas en ese momento, o la otra posibilidad, que como nosotros teniendo ese aspecto natal, sumado a determinado tránsito, somos los que estamos emitiendo esa energía, haciendo que los demás la 'canalicen' y la representen con nosotros.

Como se puede ver estamos como el huevo y la gallina. Cual va primero.

Nuestra reacción desde el ego será que los otros son los que están creándonos un problema, pero rara vez nos ponemos a pensar que coincidentemente, nosotros somos los que tenemos esos aspectos natales y esos tránsitos.

Si pudiéramos abrir nuestra mente y racionalizar las cosas fuera de nuestras estructuras de creencias formadas y nos pusiéramos desde el punto del 'observador', lograríamos comprender que los demás solo están cumpliendo un papel actoral, siguiendo un guion que concuerda con nuestros aspectos astrológicos.

No es fácil desprenderse de todas nuestras creencias y condicionamientos, pero con trabajo y constancia, ese chaleco de fuerza que nos maniata e impide evolucionar se pueden modificar.

A medida que vamos comprendiendo cómo funciona el universo y nosotros dentro de él, podremos ver que tanto los demás como nosotros, somos 'actores' dentro de una gran obra que es muy compleja, que se llama 'vida en la tercera dimensión'.

La próxima vez que estés pasando por un periodo complicado en tu vida, mira tú carta natal y los tránsitos planetarios, y pueda te sorprendas por las coincidencias que vas a encontrar entre estos y los acontecimientos que estas experimentando.

El arte de vivir se resume en tomar la vida como una obra de la cual somos participes, pero comprendiendo que tenemos una parte para 'actuar' y que cuanto mejor la 'actuemos' en lugar de sufrirla, mejor la llevaremos adelante. Muchas veces nuestros deseos no coinciden con nuestro papel a desarrollar, rara vez esto se entiende así.

En cada obra hay ángeles y demonios, salvadores y villanos y es así, precisamente porque esta dualidad crea la dinámica y el movimiento que es la vida. Las películas y obras teatrales siempre tienen estos componentes, nuestra vida no es diferente.

Energía, frecuencia y vibración

NICHOLAS TESLA DIJO, "si quieres encontrar los secretos del Universo, piensa en términos de Energía, Frecuencia y Vibración". para aquellos que no conozcan quien fue Tesla, les recomiendo buscar información sobre su trabajo para poder tener una dimensión de quien fue y el profundo significado de lo que dijo. Le debemos mucho a Tesla por los avances de la sociedad actual, dado sus descubrimientos e invenciones relacionados a la electricidad.

La pregunta es cómo podemos pensar en separar la física, la química, las matemáticas, la astronomía, el cuerpo humano y demás, cuando el ser humano vive inmerso en un mar de influencias y leyes universales las cuales nos traspasan y afectan a cada instante de nuestras vidas. O acaso pensamos alguna vez durante el día de que estamos constantemente bajo la acción de la ley de la gravedad, la cual, hoy día con todos los avances científicos, todavía no se ha podido explicar. O cuando vamos manejando y vemos en la autopista autos arrugados por los golpes después de un accidente nos pusimos a pensar en la primera ley de Newton con respecto a la inercia, velocidad y demás. Si tuviéramos esto presente, pueda que mantuviéramos la distancia correspondiente con el coche adelante nuestro. Esto es solo como ejemplo de las tantas cosas diarias a las estamos expuestos que por lo general ni pensamos.

A estas alturas se estarán preguntando que tiene que ver esto con el tema de astrología. Les pido un minuto más de atención y que traten de leer dejando de lado cualquier preconcepto o idea que tengan de la astrología, porque lo que sigue, tiene que ver con una visión poco tradicional de la misma para entender la influencia de los planetas sobre nosotros y el medio ambiente en que vivimos.

Comencemos por lo siguiente, ¿porque al planeta Venus es Venus y se lo asocia con la femineidad, la cultura, el buen gusto y demás? ¿porque al planeta Marte es Marte y se lo asocia con el fuego, la guerra, la violencia y demás? ¿porque al planeta Saturno es Saturno y se lo asocia con las estructuras, las restricciones, las obligaciones, las cargas y demás?

La respuesta más rápida sería que podemos ir a la mitología y ver de dónde viene cada uno y los nombres antiguos que tuvieron y su reconocimiento como dioses, pero lo que nadie explica es porque a cada uno se los identificaba con determina influencia.

¿Alguien podría pensar que los antiguos sacerdotes estaban mirando al cielo todo el tiempo y cuando en determinado momento pasaba algún hecho significativo a su alrededor hacían la asociación y a partir de ahí viene la definición? ¿En realidad, alguien puede creer eso?

Se sabe que los egipcios tenían cámaras de tratamiento y curación, las cuales contenían frecuencias producidas por distintos sonidos y dependiendo de la enfermedad, era la frecuencia que se utilizaba para curar. Una enfermedad se definía como un desbalance entre el equilibrio de la vibración original de alguna parte del cuerpo del individuo, y el tratamiento, consistía en volver a la persona a su vibración o frecuencia natural.

Como podemos ver, existía un conocimiento en la antigüedad que hoy todavía no podemos explicar de dónde provenía.

Todas las cosas están compuestas de átomos, y los átomos están constantemente vibrando y en movimiento, los cuales generan una energía y una vibración. Cada cosa en el universo está compuesta de una combinación de elementos básicos (tabla periódica de los elementos) que, al integrarse, forman materia. Tanto los elementos básicos como los compuestos están vibrando y generando energía durante su existencia, la cual se propaga en todas las direcciones a cada momento.

Tomando esto como base, podemos especular que la característica de cada planeta está más asociada a la vibración y frecuencia que estos generan y el impacto que dichas pueden producir. Si los egipcios manejaban el tema de las frecuencias, no hay ninguna duda que por igual conocían la información sobre los cuerpos celestes.

La astrología a nivel personal como tal, determina como estas energías en forma de ciclos energéticos, impactan a cada persona, relacionando la frecuencia y vibración emitida por cada planeta en cuestión y la carta natal del individuo.

Como se puede observar, no existe ningún componente esotérico en esta ecuación, sino simplemente el análisis y definición de causa y efecto. De la misma forma que un meteorólogo pronostica que hay grandes posibilidades de lluvias porque está entrando un centro de baja presión en la región, un astrólogo puede determinar cualquier ciclo pasado, presente y futuro ya que los planetas tienen un movimiento predeterminado y exacto (matemático) en su movimiento celestial.

Con esta información se puede decir que tienen las mismas probabilidades de estar acertado en el pronóstico tanto un astrólogo como un meteorólogo.

La Cimática se define como el estudio del comportamiento de sólidos y líquidos ante la reacción a la diferencia de vibración recibida. Hay un experimento famoso realizado por Dr. Masaru Emoto donde muestra como la molécula de agua cambia de forma dependiendo del sonido (frecuencia) a la que está expuesta. Recuerden que los seres humanos somos más del 70% agua, como tal, las mismas influencias que recibe el agua en un estanque, vaso y demás, las recibe nuestro cuerpo.

Cada cosa que existe en el universo tiene una frecuencia de onda la cual impacta con el resto de las cosas y cada uno de los elementos impacta al otro. Es muy importante reconocer que estamos y está todo conectado. No existe el nosotros y lo demás, somos todo uno.

Tanto un color, como una nota musical, como un planeta tienen una frecuencia determinada, la cual nos llega y produce en nosotros una acción/reacción. Esto lo podemos ver con una simple pregunta, ¿cuál es tu color preferido? Alguien dirá el verde, otro dirá el rojo, otro dirá el azul. ¿Qué significa esto? Que la vibración de ese color preferido es la que mejor reacción produce en esa persona. ¿Por qué es esto? porque cada uno de nosotros está compuesto de una materia básica la cual está "organizada" de determinada manera, y la astrología la representa a través de la carta natal al momento de nacer.

Como se mencionó, cada planeta tiene una vibración o frecuencia determinada y dependiendo de la grilla que se forma en la carta natal al nacer, esa será nuestra composición astrológica, la cual definirá nuestros gustos, preferencias o rechazos "naturales", los cuales se podrán modificar o reafirmar con el transcurso de la vida a través de nuestro aprendizaje y experiencias vividas.

De la misma forma que cuando llueve, el agua afecta a todos los que están en el área, los planetas tienen influencias globales ya que la tierra es nuestra área, pero más allá de los aspectos globales, también existen los aspectos personales, los cuales son únicos para cada persona.

Aprendamos de cómo nos impactan las energías, las frecuencias y las vibraciones. Solo se trata de vivir mejor, y el comprender el funcionamiento de las cosas, es un buen punto de inicio para lograr una vida plena.

A modo ilustrativo podemos ver la diferencia de frecuencia entre algunos colores

Color onda (nm) Frecuencia (THz)

Violeta 380-450 668-789

Azul 450-495 606-668

Verde 495-570 526-606

Amarillo 570-599 508-526

Referencias:

Cimática https://es.wikipedia.org/wiki/Cimática

Sonidos del Sistema Solar

https://www.youtube.com/watch?v=FWq_sfQedmU

La astrología, frecuencias y evolución

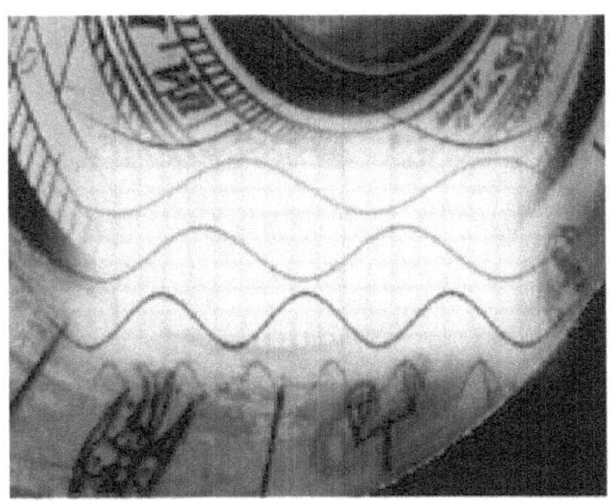

Programación de la Vida Humana – El Comienzo

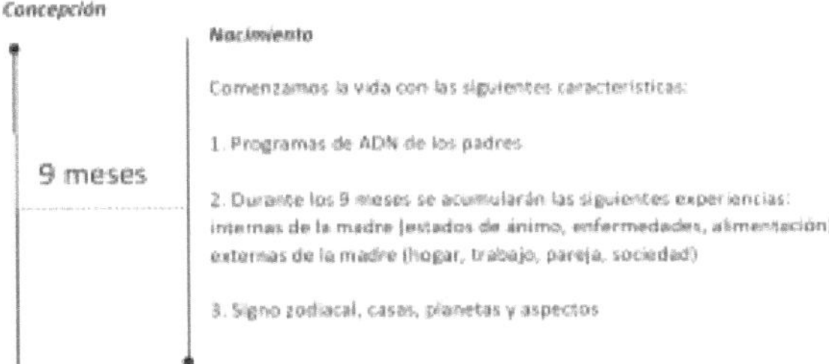

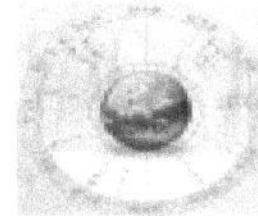

MAS ALLÁ QUE VEAMOS a nuestras vidas moviéndose en una línea recta hacia adelante, en realidad vivimos cambiando de línea de vibración dependiendo las decisiones que tomamos. Según nuestras 'elecciones', podemos subir o bajar nuestra línea de frecuencia.

Las decisiones que tomamos están dadas por distintas circunstancias, las cuales por lo general coinciden con algún transito planetario en particular, los cuales se representan en hechos, acciones y personas, las que de alguna manera interpretaran el guion de tal o cual momento. No todo está predeterminado, sino que mucho depende de nuestras decisiones.

Si bien todo se mueve dentro de ciclos, los cuales pueden ser de alta o baja frecuencia, siempre depende de nosotros en como reaccionamos a ellos. Si una persona se encuentra equilibrada, reaccionará de tal forma que le permita transitar el 'mal momento' y salir entero de la situación, mientras una persona que no lo está, podrá generar problemas adicionales a los que ya tiene. Cuanto más resistimos y no aceptamos lo que pasa (negación), más duro serán los ciclos duros (de baja vibración). Para los ciclos positivos (de alta vibración) lo más probable que tengamos una visión positiva de la vida y que justifiquemos lo que está ocurriendo (hechos, personas y demás) con nuestro buen proceder e inteligencia (ego), lo cual también en este caso, es una negación o visión incorrecta de lo que realmente está ocurriendo con nosotros y nuestro medio ambiente.

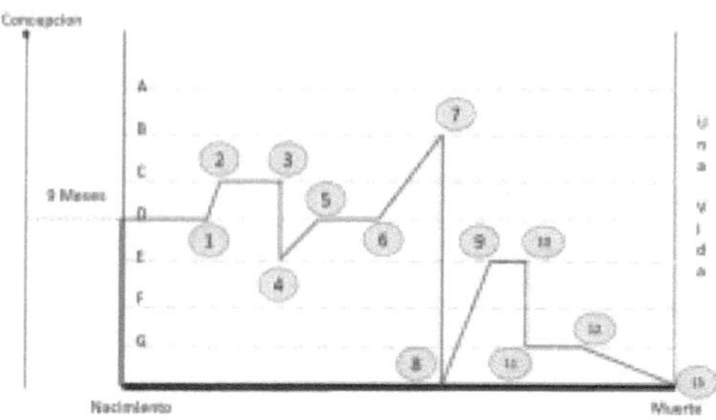

En síntesis, cuando nos va bien (ciclo positivo) somos nosotros los artífices y cuando nos va mal (ciclos negativos) es culpa de algún otro y rara vez de nuestra parte (ego).

El simple objetivo de la evolución se define como el conservar el equilibrio entre los ciclos de baja y alta frecuencias y mantenernos en una frecuencia estable. Esto se logra con primero entender cómo funcionan las cosas y segundo de ver como respondemos ante las situaciones que se nos presentan.

Si logramos establecer la estabilidad en nuestra frecuencia por determinado tiempo, esta ira subiendo sola por la simple eliminación de conflictos internos y externos, y sin darnos cuenta estaremos evolucionando.

De los Tránsitos Planetarios

Mas allá de que todo sirve para nuestra evolución, no hay duda de que está generalizada la idea de las épocas buenas y las épocas malas. Hasta en la biblia habla de los 7 años de las vacas gordas y 7 años de las vacas flacas. ¿Acaso no se está hablando de ciclos con esa declaración?

Siguiendo el razonamiento de los ciclos buenos (de alta frecuencia) y malos (de baja frecuencia) los podemos definir de la siguiente manera.

En la Astrología los aspectos (ángulos entre los planetas en tránsito en relación con la carta natal) como cuadraturas (90 grados) y oposición (180 grados) son de baja frecuencia y los trígonos (120 grados) y sextiles (60 grados) de alta frecuencia. La conjunción (0 grado), dependiendo de otros factores, puede ser de baja o alta

vibración. Esto es una referencia a nivel muy general solo como para tener idea y entender lo que viene a continuación.

Existen ciclos predeterminados los cuales nos pueden afectar de distinta manera ya que, entre la relación de los aspectos, también se tienen que considerar las casas de la carta natal que intervienen. Pero más allá de esto, lo

cual sería entrar ya muy en el detalle de la Astrología, hay tránsitos de Saturno, Urano y Plutón que los podemos usar como referencia, para entender el temas de las frecuencias y energías.

Comencemos con Saturno al cual se lo conoce como el maléfico. (No es para menos, en la mitología Saturno se comía a sus hijos, así que no hay mucho más para decir). Saturno representa la estructura, el límite, la carga, la restricción, el pensamiento negativo y más, pero esto es suficiente para darnos una idea de quien estamos hablando. Por otro lado, es el maestro, pero no el maestro guía que nos entiende y nos explica cuando no sabemos resolver algo, sino el maestro que nos tira al agua de cabeza para que aprendamos a nadar. A Saturno se lo identifica con el signo de Capricornio y a la casa IX, asociado con las leyes, los estudios y creencias religiosas y filosóficas superiores. Tarda aproximadamente 29 años en cumplir un giro a la carta natal, la cual se conoce como el retorno de Saturno, cuando hace conjunción con el Saturno natal. Este periodo va a estar asociado con una etapa de cambio, de aumento de responsabilidades, de carga. Desde el punto de vista psicológico, se entra en una nueva etapa en la vida, la cual se puede llamar de maduración. Si tomamos una persona, que por ejemplo en el momento de hacer su camino sigue viviendo o dependiendo de sus padres, ya sea por comodidad, dejadez o cualquier otra circunstancia que no sea un impedimento real, se perderá la oportunidad de cambiar de línea de frecuencia cuando están dadas las circunstancias para ello.

Valdría la aclaración en este punto, que esto es tan válido para cualquier tránsito planetario, ya que estos se presentan como peldaños de oportunidades para el crecimiento, y va a depender tanto del medio ambiente de la persona, como de su educación y aprendizaje hasta este momento, que se pueda aprovechar o no. Nada está garantizado.

De los Tránsitos Planetarios - Saturno

Saturno produjo un sacudón alrededor de los 15 años, cuando hizo la oposición y la secunda cuadratura a los 22 años, la anterior fue alrededor de los 7 años, pero esa no la podemos considerar bajo el control del nativo, está más relaciona a circunstancias externas. En cambio, la de los 29 ese si es una posibilidad que esta 100 % bajo el control de la persona. Este transito recién se repetirá alrededor de los 58 años. Cada aspecto de baja frecuencia como las cuadraturas, oposición y conjunción de Saturno en este caso, van a estar acompañadas de sextiles y trígonos, los cuales son de alta frecuencia y son periodos que se deben utilizar para consolidad lo logrado. Esto se da por cuando la persona pasa por los 33, 40, 48 y 55 años aproximadamente. Con la carta natal se puede sacar exactamente cuándo cada periodo de cambio de frecuencia comienza y termina.

El grafico muestra lo que sería una evolución favorable de los tránsitos de Saturno, donde los tránsitos complicados se van manejando bien mientras se avanza en la vida.

Utilizamos a Saturno como ejemplo ya que es unos de los planetas que mejor tenemos que aprender a manejar en cuanto a las energías o frecuencias que genera. Vale mencionar que también está el resto de los planetas, asteroides y estrellas fijas que la Astrología considera y todos ellos están actuando y generando su actividad a cada momento y cada uno con su velocidad e intensidad. Solo hay que mencionar que la Luna tiene su ciclo de 28 días y horas, y produce los mismos tipos de aspectos que el resto de los planetas, pero por ejemplo como con el caso de Saturno que se mide en años, los la Luna se miden en horas.

Los planetas que se consideran usualmente colocamos en orden de velocidad de ciclo del más rápido al más lento serian: Luna, Sol, Mercurio, Venus, Marte, Júpiter, Saturno, Urano, Neptuno y Plutón.

La Luna con un ciclo de 29 días y Plutón con 240 años y el resto entre medio de estos dos. Como se puede ver los distintos ciclos están constantemente en acción y se superponen uno con el otro. Estamos expuestos a estas energías y frecuencias las 24 horas del día. Los planetas más lentos pueden durar desde unas semanas hasta años desde que su influencia comienza y termina. Aquellos que tienen tránsitos duraderos son los que presentan la oportunidad de grandes cambios internos al igual que externos en la persona. Los tránsitos más rápidos se identifican   más   con   estados   de   ánimo   o   cambios   de

niveles energéticos cortos.

De los Tránsitos Planetarios - Urano

Urano fue descubierto en el año 1781 y se lo relaciona con la revolución industrial, por lo cual está conectado con la tecnología, las comunicaciones y la individualidad en líneas generales. Su ciclo completo por la carta natal es de 84 años, el cual se conoce como el retorno de Urano. El propósito de la presentación está enfocado en el proceso de evolución del ser humano y no vamos a analizar cada aspecto de los planetas, sino solo aquellos aspectos que de alguna manera generan la energía y la frecuencia dando la posibilidad de un salto evolutivo.

En este caso nos vamos a concentrar en la oposición que se da entre Urano en tránsito con el de la carta natal. Esto se produce alrededor de los 42/43 años edad y este tránsito puede durar un par de años. Como se mencionó anteriormente, los procesos que duran tanto tiempo, por lo general tienen consecuencias tanto internas como externas.

Durante este periodo, el cual no va a pasar sin dejar su marca, se pueden producir dos tipos de cambios drásticos en la persona o un tercero, el cual no produciría ningún cambio visible, pero que si pudiese tener sus consecuencias más adelante.

Tomemos primero el cambio que va por la baja frecuencia, que más que seguro, tenemos algún caso cercano o conocido para identificar. Durante este periodo la persona se mira al espejo y de golpe se ve las canas, las arrugas, los kilos de más, etc., y entra en crisis. No se ve mayor, pero si envejeciendo, ya no es joven. Está en una posición intermedia donde tiene que decidir qué hacer. Lo más probable es que recurra a todo tipo de tratamientos, sin descartar cirugías, para recuperar la juventud perdida.

En los casos de mujeres con hijas mujeres, pueda que comiencen a competir con ellas y se vistan de la misma forma y tratando de mover el reloj biológico para atrás. En el caso de los hombres, ocurre algo similar por la parte física, y también se pueden replantear la familia, los logros que han tenido y en algunos casos extremos, dejan todo y tratan de comenzar una nueva vida con alguien mucho más joven que ellos. Urano rige la libertad y el cambio.

Si se sigue este camino, se pierde una gran oportunidad para evolucionar. De la misma forma que cuando se lanza un cohete, el motor que está compuesto de distintas etapas, estas se van quemando a medida que se asciende, no se vuelve para atrás, sino que se va hacia adelante con el impulso que se trae de antes.

De los Tránsitos Planetarios – Urano

Para la persona que está en equilibrio, que también llegó a esta instancia con aciertos y desaciertos como todos los demás, tiene la oportunidad de mirar hacia atrás y hacer un balance de su vida. Esta parte es similar a la que se mencionó anteriormente, pero con la diferencia de que cuando se mira al espejo, más allá de las arrugas y las canas, ve el camino transcurrido y se comprende que cada arruga y cada cana representan algo significativo del pasado. Fueron experiencias únicas y personales, que nadie más puede entenderlas o sentirlas como uno las sintió, y que más allá de los desaciertos, uno está integro y con la capacidad de decidir cómo va a ser la vida que se llevará de ahora en más. Entiende de la fuerza que la experiencia brinda.

El tema no es haber llegado a estas instancias sin ningún golpe, sino como se capitaliza toda esa experiencia y saber de cómo utilizarla en el futuro.

Hay una película que ejemplifica este proceso muy a las claras que es 'El Sueño de la Marmota'. Si uno quiere cambiar las cosas en su exterior, primero las tiene que cambiar dentro de sí. Esperar que todo el entorno cambie para que uno se sienta a gusto, no solo es una ilusión, sino que denota algún problema mayor para solucionar. Algún desfasaje con la realidad hay.

Este tránsito nos da la oportunidad de hacer balance y abrir un nuevo ejercicio, pero sin perder el saldo del ejercicio anterior. Si se niega el pasado, si no se analiza conscientemente y en profundidad, no se podrá determinar correctamente el camino a seguir. Este es un ciclo con la posibilidad de crecimiento, y por lo cual se debe ser lo más crudo y despiadado con uno mismo, no con el sentido de juzgamiento, pero si con el sentido de sacar todo a la luz. Siempre recordar, no hay ni bueno, ni malo, todo depende del punto de vista.

Aquí se presenta la oportunidad de comenzar un nuevo camino, el cual es 'personal'. Pueda o no que haya cambios en el exterior, todo depende de las circunstancias, pero estos son cambios relacionados al crecimiento y no a un volver hacia atrás. Recordemos que esto es simplemente el comienzo en una dirección en ascenso. Todavía no se llegó a ningún lugar, simplemente se definió la dirección a seguir, pero es la correcta y es el camino para evolucionar.

De los Tránsitos Planetarios - Plutón

Existe la discusión de que Plutón es un planeta, que no lo es, en fin, más allá de la denominación que se le dé a Plutón, hay tres aspectos principales que se tienen que considerar del mismo, ya que tienen influencias significativas.

Plutón se lo identifica con lo atómico, el submundo, lo oculto, las masas. En la mitología es el Ave Fénix, el cual resurge de sus cenizas. Nunca muere, se transforma.

Los tránsitos de Plutón son lentos e inducen a procesos internos y externos que pueden determinar grandes y profundos cambios. El ciclo de Plutón sobre una carta natal es de aproximadamente 240 años, así que con una longevidad de 120 años recién se llegaría a la oposición Plutón/Plutón.

Los aspectos que vamos a analizar son el sextil, la cuadratura y el trígono de Plutón/Plutón. Otros tránsitos que puede llegar a ser transformadores para la persona son los que se dan entre Plutón-Sol y Plutón-Luna. Dado que Plutón puede transitar por un signo durante varios años, estos aspectos entre Plutón, el Sol y la Luna van a depender de cada carta natal, y estos aspectos se pueden dar en cualquier momento de la vida, sin importar la edad.

Para comprender mejor el significado de los tránsitos de Plutón, es importante considerar las casas que están involucradas en los aspectos. Como se había mencionado, los tránsitos de sextil y trígono son los más beneficiosos y conociendo cuando se dan, uno puede utilizar esa energía para realizar cambios muy positivos y profundos.

La cuadratura de Plutón/Plutón que por lo general se da a cuando estamos a fines de los 30's y comienzo de los 40's años. Es un tránsito complicado y más que nada para aquellas personas que están muy arraigadas al pasado, ha determinado estilo de vida, a determinados puntos de vista que puedan estar cerca del fanatismo u obsesión. Plutón rige las fuerzas ocultas y durante este tránsito, estas pueden salir a la luz de una forma dramática, que harán tambalear todas las estructuras externas e internas de la persona.

La primera reacción que se puede tener instintivamente es la de revelarse contra los cambios que se producen, principalmente en nuestro medio ambiente. Como quedará demostrado en los hechos después que este tránsito pase, no es la mejor opción. No podemos enfrentar el poder de Plutón. Todo lo que Plutón materialice durante este tránsito, tiene que ser así, es parte del sacudón que necesitamos para que entendamos cómo funcionan las cosas, para el caso que no lo tengamos claro. Nada está bajo nuestro total control., por más esfuerzo que pongamos. Plutón será como un terremoto, tsunami y volcán actuando a la vez.

La única forma de salir bien de este tránsito es solo rescatando lo que sirve, lo que es verdaderamente válido para nuestra existencia y lo demás dejarlo ir, ya que no tiene cabida, por lo menos en nuestra vida. De nada nos sirve estar acarreando algo muerto. Este sería el camino de la baja vibración y nos podría llevar a la desintegración total si nos resistimos.

El camino de la Evolución

Para la persona que está en conocimiento de los procesos naturales evolutivos y no conozca de astrología, las edades mencionadas le pueden parecer similares a las cuales se conocen como desarrollo evolutivo natural y lo son. Pero entonces la pregunta sería, ¿porque no todos evolucionamos de la misma forma cuando hay un patrón psicológico evolutivo común?

Como podrán ver, la Astrología da respuesta a dicha pregunta, ya que no solo existen los ciclos predeterminados, sino que cada carta natal es diferente, y esta da las características personales y da la explicación de porque todos pasamos por similares ciclos, pero bajo distintas condiciones y con distintos resultados. La carta natal nos está diciendo cuales son nuestros puntos fuertes y nuestras debilidades, y si bien pueden existir limitaciones, está en nosotros trabajar cada una de ellas para superarnos.

La frase más común que se escucha es "yo soy así", y esto dista mucho de la realidad. La frase es solo la evaluación de un instante en el tiempo y tiene carácter auto limitante y condicionante y pone al ser humano al mismo nivel que una piedra. No somos hoy la misma persona que hace un año atrás o 10 años atrás, ¿qué

SIGNIFICA YO SOY ASÍ? Está en cada uno de nosotros el camino de superación y evolución, y a este se llega a través de trabajar las partes limitantes que nos condicionan.

De nada sirve entregarse a la limitación, ya que, de ser así, vamos a poder sobrevivir etapas de alta frecuencia, pero nos irá muy mal durante las opuestas.

Tengamos siempre presente que somos los artífices de nuestro propio destino. Tenemos todas las herramientas para poder superarnos y evolucionar y la astrología nos da un mapa de ruta que nos puede ayudar a transitar los momentos difíciles, preparándonos para enfrentar a los ciclos de baja frecuencia y aprovechando y permitiendo darle más impulso a nuestras cosas, cuando la frecuencia es alta.

Los 7 años de las vacas gordas, solo sirven para prepararse para los 7 años de las vacas flacas. El pensar que siempre las vacas van a estar gordas, o, por lo contrario, que las vacas siempre van a estar flacas, es solo no entender cómo funciona el universo y sus leyes naturales y que nosotros somos parte de ese funcionamiento.

Astrología – Comprendiendo el Cuerpo Humano y las Influencias que lo Afectan

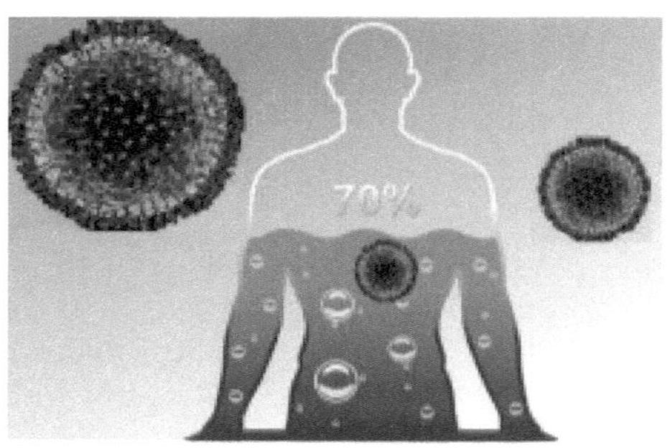

MUCHAS PERSONAS TOMAN la astrología como un pasatiempo, o algo de lo que hablar al pasar, tal como su signo solar y su personalidad, o cómo sus características debido a su signo y demás, pero por lo general el conocimiento sobre la astrología se detiene allí. A nivel general existe un conocimiento muy superficial de lo que es la astrología.

Se la puede tomar como una terapia alternativa, o superstición, o brujería o simple entretenimiento, simplemente porque no se entiende el principio básico y la mecánica de cómo funciona. En la antigüedad, los que podían predecir un eclipse eran magos o brujos. Hoy día la

NASA tiene la lista de todos los eclipses que sucederán en el futuro. Aplicando el razonamiento utilizado para catalogar hechos de la antigüedad, hoy la NASA podría definirse como una organización de magos y hechiceros.

Las "efemérides astrológicas" más antiguas que se conocen hoy día datan del 3.000 aC en forma de tablas de arcilla de los Sumerios. Durante milenios y siglos, estas tablas evolucionaron hasta las que hoy conocemos. Estas tablas que contienen toda la información relacionada con el movimiento de los planetas en el sistema solar son posibles, porque nuestro universo y dentro de él, nuestro Sistema Solar, funciona de manera predecible y ordenada. Todo funciona en equilibrio. Podemos encontrar diferentes ciclos en las diferentes partes del universo, como así también dentro y alrededor de nuestro cuerpo.

Con respecto al universo, existen discrepancias dentro de la comunidad científica donde algunos respaldan la teoría de que el universo se está expandiendo constantemente, y hay otro grupo que apoya la teoría de que nuestro universo se expande y se contrae. Hoy día las cosas funcionan bajo el concepto que hasta que la mayoría de la comunidad científica no da su aprobación, esta no se convierte en "ciencia oficial".

Volviendo a la astrología, desde el principio, el propósito de la astrología era "comprender" la correlación entre el movimiento de las estrellas y ciertos eventos personales o sociales en la tierra. La astrología no fue para consumo general durante milenios y el uso de esta se limitaba a la clase reinante. Era "información clasificada". Algo similar sucedió con el pronóstico del clima, cuando esta era "información clasificada", la cual conocían y controlaban los militares. Esto fue así hasta mediados del siglo XX donde con el avance en la tecnología

aeroespacial y la disponibilidad de los satélites, la información bajó a ser pública, incluso hasta con un canal de televisión en Estados Unidos dedicado solo al clima.

En su historia, la astrología fue pasando de las clases gobernantes al dominio público, hasta que la Iglesia Católica la declara "herejía" junto con los que la practicaban. Esto se hizo ignorando la realidad que incluso algunos de los Papas anteriores habían sido astrólogos declarados. También es interesante puntualizar que existe una contradicción, ya que como se sabe, la Biblia está llena de predicciones y personas que predicen lo que iba a suceder a través del tiempo, incluso prediciendo el fin del mundo tal como lo conocemos.

La única explicación que podemos encontrar sobre por qué la iglesia "selló" esa información al público en general, fue la de limitar el conocimiento que puede servir para el autodesarrollo personal, y al hacer esto, la iglesia tomó el total control sobre la evolución y el desarrollo humano. Es válido mencionar que esto solo sucedió con lo que hoy conocemos como Occidente (en un momento territorio del Imperio Romano y más tarde en América por la llamada colonización).

Desde el momento en que la astrología fue declarada herejía, la astrología quedó marginada y en los años posteriores, siguiendo un patrón no al azar, se transformó en entretenimiento, con horóscopos impresos diariamente en los periódicos, pronosticando el amor, el dinero o la buena salud en cualquier día; concepto que dista mucho de la verdad para cualquiera con un poco de conocimiento en astrología.

Incluso Carl Jung en un momento de su exitosa carrera en Psiquiatría y Psicoanálisis incursionó en la astrología para comprender mejor algunos de los fenómenos de la Psique. Vale mencionar que fue criticado por algunos colegas por esta acción. Por lo general las personas rechazan lo que no entienden, no conocen o no les conviene.

Ahora llegamos a nuestros días, donde nos encontramos ante un nuevo paradigma, donde se comienzan a comprender las cosas desde otro punto de vista dado el avance tecnológico y la exposición que esto tiene en el público en general. Ya muchas noticias de avances en distintas áreas de nuestra vida diaria pueden llegar a sorprender, pero rara vez nos lleguen a deslumbrar, como pudo ser el uso del primer

TV, el primer teléfono móvil, el correo electrónico, las redes sociales y demás en su momento. Hoy día la mayoría de la población está inmersa en este nuevo paradigma del cual la astrología no está exenta. La astrología se beneficia con toda esta información disponible ya que se puede explicar lo que hasta determinado momento fue inexplicable, y de esa forma llegar a un público que necesitaba alguna prueba "científica" para aceptarla.

Todas esas energías que nos rodean y tienen alguna influencia tanto en nuestro comportamiento como en nuestro funcionamiento físico, poco a poco se comienzan a comprender. Lo que se definía como esotérico (porque no tenía explicación), poco a poco deja de serlo.

Parte de la nueva tecnología tiene que ver con el descubrimiento de cómo funciona nuestro cerebro y el cuerpo humano. Solo para mencionar algo relacionado, ya existen "sistemas para predecir el comportamiento humano" que son utilizados en la prevención del delito en algunos países.

La información de la mecánica y la física cuántica desafían las leyes tradicionales de la física, e incluso la biología tiene una nueva línea de investigación llamada "epigenética", que es el estudio de la célula y su comportamiento en relación con su entorno.

Nuestro cuerpo está compuesto por billones de células, cada una de ellas influenciada por su entorno individual y general. El cuerpo humano contiene más del 70% de agua y el resto de carbono, nitrógeno, fósforo, y demás.

Sabemos que la Luna produce el cambio de las mareas en ríos y océanos. Nos referimos a inmensas masas de agua si lo comparamos con nuestro cuerpo. ¿Es que el agua de los ríos y mares es distinta a la del cuerpo humano? La lógica diría que el agua contenida en el cuerpo humano se verá afectada de manera similar al resto del agua.

En el campo médico se sabe que, durante la Luna llena, las personas con algún trastorno psicológico se ven más afectadas que el resto; y la policía y compañías de seguros saben que durante estos períodos, hay un aumento en los accidentes de tránsito. La pregunta es, porque si esto se conoce en determinados círculos, no se reconoce a nivel "científico", siendo que la astrología puede definir sin lugar a duda, qué persona podría verse más afectada por el ciclo lunar dependiendo de los aspectos de la carta natal.

En la agricultura, el ciclo de la Luna rige las diferentes actividades relacionadas con la siembra o la cosecha de cultivos. ¿Puede esto sorprender a alguien? Esto se conoce desde milenios.

Volviendo al cuerpo humano, cuando hablamos del entorno de la célula, no solo estamos hablando del entorno inmediato, sino también de todas las diferentes frecuencias y energías a las que nuestro cuerpo está expuesto (desde los rayos solares, dispositivos electrónicos, ruidosos molestos, variaciones bruscas de temperatura, temperaturas extremas, etc.)

Nuestro cuerpo, además de estar compuesto por agua y otros componentes, funciona con electricidad. Cada célula tiene un mecanismo similar al de una batería eléctrica la cual se carga en base a una reacción química. La suma de todas las células proporciona la energía suficiente para que nuestros diferentes sistemas funcionen, los cuales los definimos como "sistemas mecánicos" (circulatorio, digestivo, excretor, endocrino, tegumentario, exocrino, inmune, muscular, nervioso, renal, reproductivo, respiratorio, esquelético y hematopoyético).

Además de nuestros sistemas mecánicos, tenemos nuestra "Unidad Central de Procesamiento" conocida como nuestro cerebro, que funciona en base a "programación automática" para administrar todos los sistemas mencionados anteriormente, además de nuestra psique, la que funciona en base a los programas cargados desde nuestro período de gestación, genéticos y programas que se continúan actualizando a lo largo de nuestra vida.

La composición de nuestro cuerpo está muy bien definida en nuestra carta natal. Es válido decir que nuestra carta natal es nuestro

ADN desde el punto de vista astrológico. La carta natal define las características de nuestro cuerpo, así como áreas físicas débiles y fuertes de nuestro cuerpo, e incluso se puede determinar si la persona es propensa a alguna inestabilidad mental durante su vida.

Se han realizado trabajos donde evaluaciones psicológicas y astrológicas coinciden en los resultados, pero esta información se mantiene entre el profesional y el astrólogo. Los profesionales se reservan esta información por miedo de ser ridiculizados o marcados por otros colegas, con el detrimento profesional que esto tendría. Además, de que esto desafiaría a la profesión, algo que la epigenética hizo con la biología tradicional, y la física y la mecánica cuántica con el enfoque tradicional de la física.

El primer aspecto para entender, que no es parte de nuestra educación tradicional, es que vivimos en un entorno (universo) que está regido por ciclos. Tomando nuestro cuerpo como punto de partida, hay cantidad infinita de ciclos tanto fuera como dentro de nuestro cuerpo, y todos funcionan según patrones y condiciones predeterminados, y hay otros, que pueden cambiar dependiendo de nuestras acciones. Una parte de la biología la estudia y se denomina 'cronobiología'.

Los yoguis en la India pueden detener y arrancar su corazón a voluntad, y los monjes en el Tíbet no se congelan meditando a la intemperie en temperaturas bajo cero, pero para el resto del común de la gente, que apenas podemos interferir en nuestros "sistemas mecánicos", tengamos en cuenta que sí podemos influir en nuestros ciclos mentales si conocemos cuándo estos suceden.

La astrología hace un análisis energético de lo que genera cada planeta contra nuestra carta natal. La energía de los planetas es similar para todos, pero la carta natal es el otro componente necesario para comprender cómo esta energía influirá en cada individuo en particular. La única forma de entender cómo el movimiento planetario puede influir en nuestro ciclo de vida, es haciendo un análisis personal a partir de la carta natal. La información proporcionada por la astrología determina el ciclo energético activo para cualquier momento dado, pero dependerá de nuestras acciones su materialización.

La energía de los planetas en distintos momentos podrá manifestarse en algún resultado en nuestro cuerpo. Esto se puede dar tanto en nuestro comportamiento (Psique) como en el funcionamiento de los sistemas de nuestro cuerpo. Cada aspecto y combinación entre nuestra carta natal y la posición de los planetas genera cierto tipo de energía (expansión/restricción, similar a lo que conocemos como positivo/negativo en diferentes combinaciones y grados según el momento). De la misma manera que conocemos la posición de cualquier planeta para el pasado o el futuro, de la misma manera que la astrología puede decir el ciclo energético que cada persona transita en un momento dado.

A modo de información adicional para poder comprender mejor como nos influencia nuestro entorno (incluidos los planetas); consideremos una nueva enfermedad llamada EHS (Síndrome de Hipersensibilidad Electrónica), la cual la puede producir las frecuencias del wifi, las torres de teléfonos celulares y demás dispositivos que generan ondas de baja frecuencia.

Estudios realizados por reconocidas universidades llegaron a la conclusión que cierta música y melodías, pueden influenciar nuestro cerebro y nuestro estado de ánimo con solo escucharlas. (esto se conoce desde la época de los egipcios que usaban técnicas curativas con sonidos).

En conclusión, incorporemos en la evaluación de nuestro estado personal, el medio ambiente que nos rodea, y para aquellos que recién están ingresando en el tema de la astrología, comprendan que esta "ciencia milenaria", encierra un conocimiento que recién ahora comenzamos a comprender en su funcionamiento interno, gracias al avance de la tecnología.

WashingtonPost publicado el 31 de agosto del 2015. (Traducción de la primera parte del articulo)

Qué es el EHS?

EHS ES, ESENCIALMENTE, un conjunto de síntomas físicos sin causa conocida. Las víctimas de EHS, estimadas como "varias" por millón de personas, tienden a experimentar una combinación de síntomas físicos como náuseas,

dolores de cabeza, palpitaciones, fatiga y erupciones cutáneas / otros problemas dermatológicos, a menudo al mismo tiempo. (Con menos frecuencia, también pueden quejarse de confusión, pérdida de memoria, ataques de pánico y similares).

Los investigadores y profesionales de salud pública han documentado estos síntomas: definitivamente son reales y los pacientes no los están inventando. EHS, para ser claros, es un síndrome real, y la comunidad internacional de la salud lo ha reconocido como tal.

La Astrología y la Biología

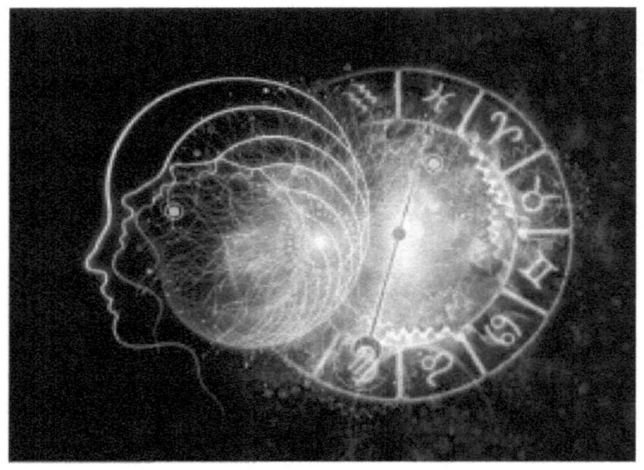

DEFINICIONES COMO QUE la astrología predice el futuro, o que la biología según Wikipedia es la ciencia natural que estudia todo lo relacionado con la vida, lo orgánico y los procesos biológicos de los seres vivos en diversos campos especializados, son de conocimiento general; pero sin lugar a duda, estos son conceptos que necesitan ser actualizados.

La astrología NO predice el futuro, simplemente enuncia los ciclos energéticos por los cuales transitamos en la vida. Las 'predicciones' de lo que puede pasar en el futuro, dependen de la interpretación del movimiento de estas energías por parte del astrólogo que está haciendo el análisis. No muy diferente a un médico dando un diagnóstico de acuerdo con los estudios que tiene del paciente. A más de uno le habrá pasado que un médico determinó un diagnóstico y un tratamiento y con los mismos datos otro médico recomendó distinto.

Con respecto a la biología, la definición de Wikipedia habla de los procesos biológicos, pero lo que se sabe ya desde hace unos años a través de la 'epigenética', es que los procesos biológicos son dependientes del medio ambiente donde se desarrollan. No es lo mismo que un proceso se lleve a cabo en la Antártida que en el Caribe. El medio ambiente influye en el proceso.

Este concepto ya conocido se confirmó con el estudio de las células madre por los años 80. La epigenética se refiere al comportamiento de la célula dependiendo de su entorno. El cuerpo humano está compuesto por billones de células, por lo tanto, el comportamiento del cuerpo humano no puede escapar al comportamiento de la unidad que lo compone. Como es arriba es abajo, como es abajo es arriba.

Para poder comprender mejor nuestra realidad, debemos actualizar conceptos fijados en nuestra mente, hoy desvirtuados por nueva información científica. Nuestro ADN no necesariamente es determinante de nuestra vida y nuestra herencia genética, de la misma forma que nuestra carta natal de ninguna manera nos determina nuestra vida.

A modo solo de ejemplos las expresiones desde la comunidad científica del Dr. Robert Sapolski de Stanford University o el Dr. Davor Mate de la Universidad de British Columbia, esa visión genética fatalista que se nos inculcó en determinado momento, hoy sabemos que no es así. No se puede analizar a una persona genéticamente sin contemplar en el ambiente que se crió, las costumbres tomadas y la vida que llevó.

De la misma manera podemos enunciar desde la astrología que si la carta natal fuera tan determinante, ¿cómo se explica que el 'príncipe y el mendigo' nacen en el mismo pueblo y a la misma hora, por lo tanto, tienen idénticas cartas natales, pero sus vidas y realidades serian completamente diferentes?

Antiguamente y en la actualidad algunos astrólogos siguen en la misma línea 'fatalista', y ven a la carta natal como determinante y final.

Al igual que la biología, todavía se enseñan conceptos equivocados los cuales dejan de lado en el análisis de una situación, las condiciones del medio ambiente. Como pasa con los astrólogos, muchos médicos siguen con el viejo 'librito aprendido' y no han actualizado su conocimiento a la nueva información.

Solo para comprender el significado de las consecuencias de la genética, de 100 mujeres que tuvieron cáncer de mama, solo 7 de ellas tenían el gene de cáncer de mama presente, 93 que tuvieron cáncer no lo tenían. ¿Qué significa esto? Que los genes pueden tener influencia en ciertas características de la persona (color de ojos, pelo, etc.) pero no en las enfermedades en general. Quiere decir que las 93 mujeres que sufrieron el cáncer de mama y no lo tenían en sus genes lo 'contrajeron ellas mismas'. El cáncer por lo que se sabe no es transmisible, pero hay más que suficiente información disponible que habla que el cáncer lo genera la propia persona.

En el libro "La Astrología del Siglo XXI" hablamos de la energía, frecuencia y vibración. Este es un párrafo de este:

"Hoy sabemos que Las células del cuerpo humano vibran entre la frecuencia de 50 Hz (Hertz) y los 1500 Hz. Un cuerpo sano puede estar entre los 6200 y 7000 Angstrom(A), o en una unidad de longitud de onda, 10 veces más pequeña que el Nanómetro.

Los virus que pueden producir enfermedades vibran en el rango de longitud de onda entre 5500 A, hacia abajo; como el bacilo de Koch de la tuberculosis vibra a 5500A y el cáncer vibra a 4000A. En este punto vale destacar que un bajo nivel de vibración en las células se representa en enfermedad."

Vale decir que una célula que está funcionando con una vibración menor a la normal, tranquilamente puede activar una enfermedad. En nuestro cuerpo humano habitan millones de bacterias, hongos y demás elementos que tienen una razón de ser, mientras el cuerpo se encuentra en equilibrio. Cuando el cuerpo se encuentra en desequilibrio energético, y como consecuencia baja de energía o vibración, queda expuesto a la proliferación de todos los elementos internos o externos que lo pueden enfermar.

El medio ambiente tiene una participación fundamental en nuestro nivel energético. Somos lo que comemos, lo que tomamos, con quien y el lugar donde estamos.

Del mismo libro podemos citar:

"Cada sonido que nos rodea lo percibimos con nuestros sentidos por el solo hecho de procesar las frecuencias de estos. Hay sonidos naturales, como la lluvia, el correr del agua, el viento sobre las hojas de los árboles, los pájaros y demás elementos que vibran en una frecuencia a la que estamos en consonancia. Por otro lado, los ruidos como motores, maquinarias, bullicio, gritos y tantos otros de ese tipo, son agresivos a nuestros sentidos. Tengamos en cuenta que, si alguien que vive en el medio de la naturaleza y acostumbrado a los ruidos naturales llega a cualquier ciudad, el nivel de ruido que percibirá le provocara un shock. Los que estamos "adaptados" a estos ruidos, ya sea por nacer o vivir por largo tiempo en ese ambiente, solo nos percatamos de aquellos ruidos que "exceden" el nivel "normal" de la ciudad.

Es común perder el horizonte de las cosas y esto nos hace olvidar que somos seres con una construcción que apunta a vivir en un medio ambiente acorde con nuestra composición orgánica, para poder mantener un equilibrio mental y físico natural. Se entiende que somos seres "adaptables", pero cada adaptación a un medio hostil tiene una carga y un precio a pagar, no es gratis.

El solo hecho de ver cómo reacciona la gente en general cuando tiene un feriado puente o salida de vacaciones, nos da solo un ejemplo de cómo se está buscando un "escape" de los desbalances producidos por el accionar y medio ambiente diario. Se busca "escapar de algo" de lo cual parecería somos prisioneros. Se podría decir sin exagerar, que dicho modo de vida trae sus consecuencias y esto está respaldado por la cantidad de gente que recurre a psicólogos, psiquiatras, medicamentos para calmar la ansiedad, depresión, poder dormir y demás, a consecuencia de una desviación de lo natural y de la convivencia en un medio ambiente hostil."

Nuestro medio ambiente nos condiciona desde la salud física hasta la salud mental.

Los miedos son la principal causa de porque bajamos nuestra energía y vibración. No es casualidad que los medios de comunicación están machacando a diario las 24 horas noticias que son para generar miedo o inseguridad. Durante la pandemia, el encierro decretado por distintos gobiernos, más los medios de comunicación y las noticias de números de casos infectados, no hacen más que predisponer a las personas física y psicológicamente para que se enfermen.

Según los datos oficiales, en Estados Unidos en el año 2020, 500 mil personas murieron que tenían el virus (más allá que este fuera la causa de la muerte) y fue el número mayor por país a nivel mundial. Lo que parece que nadie sabe o no se dio cuenta, es que en ese mismo periodo murieron 600 mil personas a causa del cáncer en el mismo país (no que tenían cáncer, sino que se murieron a causa de). El cáncer es generado por la persona, no viene de afuera, no se puede contagiar. Tanto esta auto generación como la afección por un virus, habla de un organismo que se encuentra débil energéticamente hablando.

Con la información que se conoce, propongámonos usar tanto la ciencia como la astrología de forma inteligente. Desconectemos de los aparatos y medios que son máquinas de generar miedo, por un lado, y utilicemos la astrología para saber navegar los ciclos energéticos por los cuales transitamos. Pero por sobre todas las cosas, no limitemos la expresión de nuestra esencia humana, ni la dejemos condicionar por nada o por nadie.

Todas las respuestas están en uno, el que nos brinde una solución del exterior, primero analicemos cual es la conveniencia o interés que el supuesto 'benefactor' tiene en el asunto. Son muy pocos los que te pueden llegar a aconsejar para tu propio bien y los medios de comunicación masiva no se encuentran dentro de estos. Ellos solo buscan un beneficio financiero, y parte de ese beneficio llega por contratos con los gobiernos.

Que cambien las cosas depende de aquellos que tengan la claridad de 'ver' la realidad y salir de la matrix. No hace falta una gran cantidad de personas para cambiar la realidad, solo hace falta un grupo que sea genuino claro de mente y espíritu.

Cronobiología y Astrología

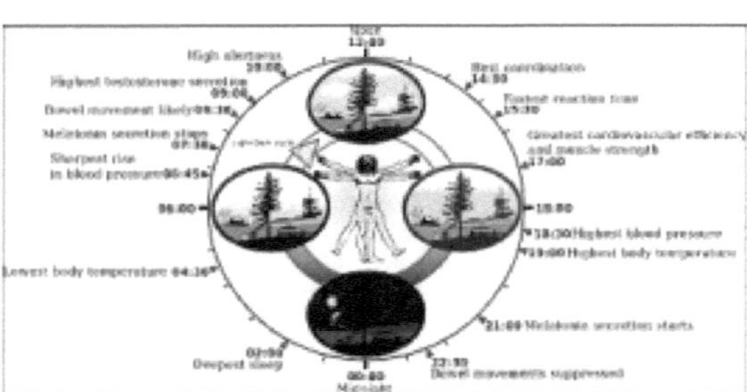

POR LO GENERAL ANALIZAMOS nuestro estado y situación colocándonos en el centro del análisis dejando en un segundo plano todo lo que nos rodea. Todo lo que nos rodea no se limita a las paredes de nuestra casa, la ciudad o el país donde estamos, sino que, todo lo que no rodea incluye lo que va más allá de nuestro "hogar", el planeta tierra.

Si queremos hacer un análisis para resolver cualquier problema, es obvio que el mejor resultado será aquel que se tome teniendo en cuenta la mayor cantidad de información disponible. Si nos basamos en una sola fuente de información, lo más probable que el resultado obtenido será condicionado por esa información.

Si bien todos estamos familiarizados en que existen cuatro estaciones y las diferencias entre ellas, diferencia entre la noche y el día, entre las fases de la luna y demás, pocas veces relacionamos a estas y los efectos que puedan tener en nuestras vidas. Simplemente las tomamos como cosas externas, que están ahí.

Ya desde la antigüedad se veía una relación entre eventos externos y la influencia que estos tenían en los seres vivos. En nuestros días existe una rama de la biología que se denomina 'Cronobiología'.

La Cronobiología estudia la influencia principalmente del Sol y la Luna en los procesos de los seres vivientes. Esto no tendría que sorprender a nadie ya que, desde tiempos remotos, antes de que se conociera como Cronobiología, los campesinos sabían de los momentos para plantar y cosechar los alimentos y estos se regían por las estaciones (posición del Sol) y las fases de la Luna.

Si bien la Cronobiología solo analiza el impacto del Sol y de la Luna, la astrología por su parte tiene en cuenta todos los demás planetas del sistema solar, los ciclos de cada uno y la interrelación de estos.

Hoy día se puede determinar el reloj biológico llegando a nivel de la célula y su nivel atómico, pudiendo analizar en animales (comiendo, durmiendo, apareándose, hibernando, migración, regeneración celular, etc.), en plantas (movimientos de hojas, reacciones fotosintéticas, etc.) y en organismos microbianos como hongos y protozoos, incluyendo bacterias. El ritmo mejor estudiado en cronobiología es el ritmo circadiano, un ciclo de aproximadamente 24 horas mostrado los procesos fisiológicos en todos los organismos.

Y esto nos lleva a un tema de la actualidad, la pandemia.

Si vemos la historia del mundo, las pandemias se han sucedido a través del tiempo y en muchas de ellas, las pérdidas de vidas humanas han sido cuantiosas; pero algo que pareciera que no consideramos, es que de la misma forma que las pandemias aparecieron de la nada, desaparecieron; y en la mayoría de los casos sin vacunas.

Hoy día habla de pasaportes inmunológicos, que nos tenemos que acostumbrar con el virus por el resto de nuestras vidas y demás. La pregunta que nos debemos hacer es, ¿cuál es la diferencia de este momento con respecto a la historia del mundo?

Por lo que sabemos algún aspecto ambiental activa al elemento que genera la enfermedad, esta se propaga y se produce la pandemia. De la misma forma, otro aspecto ambiental hace que se disipe y desaparezca. Se habla de inmunidad de rebaño como solución, y es probable que sea así, pero algo hace que las condiciones 'ambientales' que generaron la enfermedad cambien, y por esto la enfermedad desaparece. Esto ya paso en innumerable cantidad de veces en la historia que conocemos.

En la comparación que hicimos entre la Gripe Española y la actual, existen aspectos astrológicos similares, que podrían haber sido los que crearon las condiciones propicias para que se materialicen, y vale aclarar que los aspectos en esta oportunidad son más adversos que con la pandemia del 1918. Las curvas de ascenso y descenso durante la pandemia estaban de acuerdo con los aspectos astrológicos del momento.

Lo importante es tener la cabeza clara y no perder la perspectiva de como funcionamos internamente los seres humanos al igual que todos los elementos vivos que nos rodean. Esto incluye a los elementos que vemos y los que existen, pero no vemos por su diminuto tamaño.

Existe un reloj biológico en cada cosa viva, y por lo que se sabe nadie ha podido vencerlo. Cuando el reloj dice que la hora a llegado, es la hora. Un viejo dicho reza: 'Nadie se muere en la víspera'.

Pareciera que en la antigüedad ya tenían información del reloj biológico que existe en todo, y hoy en día lo olvidamos.

Referencias:

https://es.wikipedia.org/wiki/Cronobiolog%C3%ADa
https://es.wikipedia.org/wiki/Ritmo_biol%C3%B3gico

La Astrología y las Interpretaciones a Nivel Personal

PODEMOS DECIR QUE LA astrología es la ciencia que estudia los ciclos de la evolución personal a través de la interpretación de los movimientos de los cuerpos celestes. Repasando muy rápidamente el tema de la interpretación se sabe que determinadas posiciones de los planetas en movimiento confrontados contra la carta natal individual, genera determinadas energías y estas energías se manifiestan o están representadas por situaciones, personas o eventos.

En ningún momento se puede decir que la astrología puede determinar o predecir eventos en el futuro, pero lo que sí se puede decir a ciencia cierta, es qué "energías" se van a manifestar en determinado momento o periodo.

Esa energía generada, ya sea de expansión, pasiva o restringente, se va a manifestar de forma general, pero dependiendo de las características de la persona por su carta natal y también de su estado evolutivo, ésta energía será representada de distinta forma.

El estado evolutivo de la persona se refiere al trabajo que cada uno realiza en profundidad para superar las fobias, miedos, obsesiones, culpas, y demás actitudes que generan energías negativas en uno y en las demás. Somos los dueños de las energías que generamos, más allá que se puedan justificar o no, y con esto generamos nuestro medio ambiente.

Un plato de comida para alguien que hace tres días que no come, puede resultar no solo salvador sino un manjar, mientras que para alguien que recién comió, ni lo considera. Estamos hablando del mismo plato de comida y como éste puede generar o tener un efecto totalmente diferente entre dos personas dependiendo su situación. Todo es relativo.

Vayamos un nivel más profundo. Digamos que en un pueblo nace a la misma hora un príncipe y un mendigo. Desde el punto de vista astrológico, los dos van a tener exactamente la misma carta natal. Cada casa con su signo y planeta correspondientes y a partir de ese momento, todos los tránsitos (aspectos entre los planetas en movimiento y la carta natal) van a ser idénticos para los dos. Los ciclos (movimientos de energías) van a ser idénticos tanto para el príncipe como para el mendigo. Ya sabemos que las vidas y experiencias de cada uno van a ser completamente diferentes, pero a determinado nivel interno, podemos decir que serán similares ya que las energías les impactan a los dos por igual.

Lo que puede ser una gran preocupación para el príncipe con algo que afecte al reino, para el mendigo, algo similar se limitaría al lugar a donde este duerme. La organización de un gran banquete de honor que dará el príncipe, en el mendigo se podría representar en saber de dónde conseguirá su próximo plato de comida.

Entendiendo esto, podemos decir que la carta natal indica un aspecto básico del ser (ADN) y un camino de vida (ciclos), el cual es totalmente personal, pero sin dejar de lado desde que punto de partida comienza cada persona.

No hay garantía de que el que nazca en cuna de oro tenga todo resuelto, como tampoco que el que nace indigente vaya a ser indigente toda su vida. La carta natal indicará cuales son las características "natales" que una persona tiene tanto como potenciales, como problemas a superar, los cuales, si se conocen de antemano, ayudaran a aumentar el buen aspecto, como así también para llevar adelante los periodos complicados. Esto suena muy simple, pero existen gran cantidad de personas que no saben cuáles son, desaprovechan sus potenciales y viven confrontando encarnizadamente contra sus limitaciones naturales.

Un ejemplo que puede ilustrar lo anteriormente dicho es el siguiente, si sabemos de ante mano cuales son los potenciales en el área de estudio y profesión de nuestros hijos, porque no incentivarlos (sin condicionarlos) a que lean, se interesen por temas que los van a beneficiar cuando tengan que elegir una carrera o profesión. ¿Cuánta gente conocemos que están desarrollando una actividad que no es lo que quieren, o lo que les gustaría hacer, pero que están en eso porque es el camino que en determinado momento eligieron y les resulta muy difícil dejarlo y comenzar de nuevo?

Nada está escrito en piedra, ni tenemos que sentirnos víctima de las cosas, ni tampoco de salir al mundo atropellando a todos. El evolucionar es el saber cómo navegar las energías que se nos presentan, basados en nuestro ADN astrológico, tanto en los ciclos cortos como en los ciclos largos, y el poder avanzar en el crecimiento personal interior, sin perder nuestra identidad o esencia.

El entender nuestra carta natal es solo el comienzo, pero no por eso deja de ser un gran paso para conocernos mejor y ayudarnos en nuestro proceso evolutivo.

De las Energías y su Representación

PARA EL QUE TIENE ALGUNA idea de astrología pueda que este familiarizado con las energías que genera cada uno de los planetas. En este aspecto, podemos decir que Saturno es el que genera energía que restringe, hace ver las cosas desde el punto de vista de la responsabilidad y carga, Urano genera cambios, Júpiter hace crecer (¡todo!), Neptuno conecta con las musas en otro plano o presenta lo que no es, y así cada uno de los planetas y sus energías.

Incursionemos para ver como es el mecanismo de representación de estas energías en nuestro día a día.

Dependiendo de nuestra carta natal, la energía de cada planeta, aspectos natales, casa o casas que intervienen, es como esta energía se va a representar en cada uno en particular.

Tomemos como ejemplo a Saturno, un aspecto complicado de Saturno sobre la casa IV (el hogar), podemos decir que la situación hogareña se complica, problemas con la casa en sí, los integrantes de esta o algo relacionado con ellos. De esta energía que se está representando en ese momento, los más probable que haya circunstancias o personas que sean las que están siendo la causa del problema en el hogar. Como consecuencia de ello, pueda que, en el caso de personas, se busque un culpable, se lo acuse de provocador de esa situación y esto lleve a consecuencias mayores que van más allá del problema del hogar.

Tranquilamente, una situación en el hogar puede llevar adicionalmente, el deterioro de la relación con personas con las cuales interactuamos.

Mirando las cosas desde otro punto de vista, se puede decir lo siguiente:

Esa energía generada por Saturno, como ya sabemos, estaba "programada" ya que, tanto por la posición de Saturno natal como por tránsito, lo podemos ver en cualquier momento en el tiempo ya sea presente, pasado o futuro. Entonces, si esa energía ya se sabía que en determinado momento se iba a "activar", podemos decir que los "actores" que participaron en ese determinado momento cuando se produjeron los hechos, son los "agentes" de transmisión o canalización o materialización de esa energía, que ya se sabía que se iba a activar.

Los intervinientes no son los "generadores de esa energía". El único generador es Saturno con la casa IV y cualquier otro planeta o aspecto al cual nos referimos.

Si bien instintivamente se va a buscar un "culpable" de lo sucedido, lo que pasó solamente fue una "puesta en escena" representando la energía presente.

Digamos que si hay un mal aspecto de casa IV (hogar) y por alguna razón la persona está viviendo sola en una pequeña isla, esa energía de la que estábamos hablando, se puede representar como que en algún momento un barco pase por arriba de la isla, se caiga un avión justo en la isla, aparezca un náufrago que es un psicópata que se escapó de una cárcel de máxima seguridad, etc., etc. De alguna forma fuera de nuestro control se va a materializar.

¿Se entiende el concepto?

La energía se tenía que manifestar de alguna forma, y si bien vamos a emitir un juicio sobre lo que pase, entendamos que no hay ni 'culpables', ni 'víctimas', ni 'victimarios', sino solo "actores" que representan la obra de la vida a través de sus energías.

Todas las personas que entran y salen de nuestras vidas, tienen caras, nombres, forman parte de la sociedad, la familia, el trabajo, la iglesia, la vecindad, etc., pero no son ni buenos ni malos, son simplemente "actores" que cumplen una función, y tienen un solo objetivo el cual es que evolucionemos. Y para evolucionar, lo primero que se debe hacer es controlar el ego y para esto es fundamental comprender como funciona la vida. Las cosas puedan o no ser como nosotros queramos, pero son así.

Este es un concepto que va en contra de todo lo que hemos aprendido, y reniega de muchos aspectos que tenemos arraigados y hasta pueden ir en contra de bases bajo los cuales vivimos nuestro día a día; pero si nacemos y morimos como entes independientes y sin tener control de esos momentos los cuales son básicos en la vida, que nos hace pensar que, entre medio de estos dos puntos de nuestra existencia, los "actores" a nuestro alrededor son los responsables de nuestro destino.

Si logramos comprender el significado de esto, nos vamos a liberar de una carga, especialmente emocional, que va a seguir activa en nosotros después que las energías de determinado transito hayan pasado. Van a formar parte de nuestra programación (subconsciente casa XII), y eso va a entrar a jugar en todas nuestras respuestas a situaciones futuras.

Pensemos cuantas situaciones hemos pasado que nos han dejado "marcados" de alguna forma, donde le hemos asignado una "cara" a ese actor que intervino cuando determinada energía fue generada y lo hemos mantenido en el recuerdo asociado directamente como responsable del hecho, cuando simplemente hizo la parte que le tocaba representar en ese momento, sea quien fuere y haya hecho lo que hizo.

Saquemos las caras, los rótulos, los nombres y separémoslo de los hechos. Si somos capaces de hacer eso, fluiremos más "livianos" a través de las energías que se nos presenten y dejaríamos de tener un armario lleno de esqueletos del pasado, que, en el presente, ya no nos sirve de nada.

Amor Sexo y Astrología

PRIMERA PARTE.

Sabemos de relatos donde imperios se han enfrentado o han hecho alianzas y se han escrito innumerables obras desde tiempos remotos basados en tragedias o alegrías donde vencedores y vencidos, eran motivados por el amor y/o el poder. Sin ir más lejos solo tenemos que pensar en nuestras experiencias personales, o lo que sabemos de alguien cercano para poder dimensionar el tema.

¿Pero cuáles son los activadores de las energías que comúnmente las conocemos como sentimientos? Desde el punto de vista de la astrología se pueden analizar los factores que intervienen generando dichas energías, y en este punto vale aclarar algo.

La astrología puede comparar las cartas y determinar cuáles son los puntos de coincidencias o atracción entre las personas, pero eso sería el análisis interpretativo matemático de la información disponible al astrólogo. Pero sumado a esto, recordemos que cada persona en determinado momento de su vida no solo es eso, sino que, es el resultado de la carta natal, la cual presenta las características básicas no evolucionadas, más los tránsitos y progresiones del momento analizado, sumado a la "programación" que cada uno tiene, la cual fue realizada por las personas, experiencias, adoctrinamiento y creencias que se fueron incorporando desde el nacimiento hasta ese momento.

Hay que recordar que uno va cambiando sus puntos de vista sobre las cosas a medida que recibe nueva información, de lo contrario seriamos como un libro, el cual solo contiene la información original. Si la persona no evoluciona, la podemos definir como que se encuentra muy próxima a su estado original.

Dos personas se pueden sentir atraídas por distintos elementos. Intentaremos hacer una clasificación de los distintos tipos de atracción desde el punto de vista astrológico. Si bien están clasificados en 5 solo para ejemplificar el funcionamiento, la primera se define como sexual, pero todas deberían contener algún componente sexual, de lo contrario no se materializarían. La clasificación tiende a marcar cual es el componente preponderante de la relación.

1. Sexual.
2. Conexión inmediata la primera vez que se conocen
3. Protección y cobijo.
4. Kármica.
5. Totalmente romántica.

Como se puede apreciar en la lista no se encuentra el "amor". Si bien todas las relaciones de pareja las podemos definir como "amorosas", ninguna comienza por el amor, sino por alguna de las características previamente mencionadas o combinación de entre ellas. Como se mencionará en los próximos artículos, existe una teoría donde una relación entre dos personas, luego de pasado un tiempo de haber compartido experiencias sexuales confortantes, se generará una energía común la cual se puede definir como 'amor'.

Desde el punto de vista astrológico se debe agregar que para que esto ocurra, no solo el componente sexual es importante, sino también otros aspectos natales que determinen una visión compartida de las cosas. No existe en la astrología un componente que defina al amor, sino solo las energías las cuales se pueden catalogar en los tipos mencionados. Vale aclarar que la carta natal no indica el sexo de la persona, no se puede identificar con la carta natal si el sujeto es hombre o mujer, solo sus componentes energéticos como ser. Vale decir, una persona que por cirugía cambie de sexo, tendrá el mismo comportamiento de relación de antes de la operación.

En la Sinastría, no solo se analiza la relación de los planetas, sino también el de las casas, los nodos y el ascendente, pero a continuación solo se mencionan los planetas, ya que es suficiente para un análisis general.

1. Sexual - En la atracción sexual se da con un importante componente donde Marte y Venus están presentes más allá que existan otros aspectos adicionales. En esta categoría se pueden definir las personas que se vinculan para tener sexo, pero que no necesariamente tengan otras cosas en común. Hasta puede que no exista la necesidad de compartir otras cosas.

Existen distintos grados de atracción y energía sexual la cual está dada por los signos astrológicos que intervienen, como así también la relación de Marte y Venus en la carta de cada uno. El Sol y Urano pueden proveer interesantes energías adicionales en este aspecto.

2. Conexión inmediata la primera vez que se conocen - Se puede producir un clic instantáneo entre dos personas, más allá que no se conocían, cuando ambas Lunas están en conjunción. Les parecerá a ambos que se conocen de antes, la conexión se realiza a nivel energético interno. Dependiendo de los otros aspectos, pueda o no haber atracción sexual, pero existe mucha conexión entre ambos. Algunos autores lo definen como que esta conjunción habla de haberse conocido en vidas pasadas y se vuelven a reencontrar. Desde ya que otros aspectos como

los mencionados en el punto 1 sumados a este, haría una relación más que favorable.

3. Protección y cobijo - Si bien en todas las relaciones una de las partes tiene más peso energético que la otra, podríamos decir dominante, en esto nada tiene que ver el sexo de la persona. Acá aclaremos que la identificación de la mujer como más débil tiene que ver con un tipo de enseñanza y adoctrinamiento en la sociedad, más que con la realidad. Los arquetipos creados por la "programación" como se ha mencionado ya en múltiples ocasiones, funciona como condicionante y es un aspecto que no está presente en la carta natal. En la relación que estamos hablando de "protección y cobijo" se da por un aspecto donde Saturno está presente y podría incluir al Sol y Venus. A la persona con Saturno la podríamos definir con más experiencia que la otra en la relación, o la otra persona la ve y percibe de esa forma. Para que esta relación exista, como las demás que se mencionan, requieren de otros aspectos favorables en común.

4. Kármica - Hay relaciones que pueden ser tortuosas y que más allá de los problemas que puedan existir que dividen, hay una energía muy potente que atrae. Son relaciones destructivas y para el que pase por una de estas, difícilmente la olvide. En este tipo de relación Plutón está presente por un lado haciendo aspecto con algunos de los planetas como el Sol, la Luna, Venus del otro. Como en todas las relaciones, tendría que haber otros aspectos que hicieron posible la relación en el primer lugar. Una manera gráfica de definir este tipo de relación es la libélula volando hacia el fuego que la atrae, sabiendo que cuando llegue este la quemará. Vale aclarar que la peor parte de la relación la lleva la persona que no tiene Plutón en el aspecto, esta es la que recibe la energía del Plutón de la otra persona.

3. Totalmente romántica - Es la relación idílica la cual tiene más que ver con las películas que con la realidad. Como vemos en las películas, pasa de todo y contra viento y marea al final logran estar juntos. Y ahí termina la película. En la vida real, para nosotros que estamos

en otra realidad, la película recién comienza en ese punto. A partir de ese momento comienza el tema del trabajo, la casa, el dinero, la familia, los hijos, etc. Las relaciones que comienzan con una súper idealización del momento sin lugar a duda tienen a Neptuno en el medio. Neptuno es imaginación, creatividad, conexión con el más allá, con lo que no vemos con los ojos, pero por el otro lado también puede mostrar lo que no es. Es muy difícil cuando una persona pueda ver claramente las cosas cuando se encuentra bajo un tránsito complicado de Neptuno, ve en la otra persona lo que imagina o quiere ver a lo que la otra persona realmente es. Si la persona tiene Neptuno en la casa 1, 5 o 7 natal, debe tener mucho cuidado con el manejo de esta energía. Las relaciones generadas con un importante componente energético de Neptuno presentarán su lado "real" tarde o temprano.

Cada uno sabrá dentro de que categoría se siente más identificado con alguna relación actual o pasada.

SEGUNDA PARTE.

Para los que leyeron el libro sobre la Astrología en el Siglo XXI habrán comprendido que el funcionamiento del cuerpo humano es una máquina increíblemente compleja, la cual trabaja en base a reacciones químicas y electricidad. Cada instante de nuestras vidas sucede de acuerdo a las señales captadas por nuestros sensores (visión, olfato, oído, tacto,) , procesadas por nuestros sistemas (físicos y lógicos - sistemas nervioso, digestivo, respiratorio, circulatorio, programación intuitiva y personal) y reaccionando de acuerdo a patrones preestablecidos.

Este concepto no es nada nuevo, ya George Gurdjieff lo mencionaba hace 100 años atrás, luego de su largo aprendizaje en las culturas iniciativas en medio oriente y Asia. Es un conocimiento milenario y que principalmente por la influencia religiosa en occidente se ocultó o se dejó de difundir. Algo similar de lo que pasó con la

Astrología, que, si bien no desapareció, se logró desdibujarla o banalizar sus conocimientos ocultando su poder real.

Regresando al comportamiento del cuerpo humano, de ninguna manera se trata de presentar al ser humano como "una máquina" solamente, sino por el contrario, tomar conciencia que esa máquina de funcionamiento tan complejo tiene en adición un componente llamémosle "espiritual" que ninguna máquina de inteligencia artificial podrá tener por más avanzada que sea o información que posea.

En el artículo anterior decíamos que la Astrología si bien tiene a Venus como el planeta relacionado al amor, en realidad no es tan así. Venus tiene que ver con la belleza, las artes, la estética, el dinero, los dulces y demás placeres de la vida, pero no el amor como lo conocemos o definimos.

Se mencionó muy por arriba los tipos de atracciones bajo las cuales podemos funcionar, las cuales se interpretan por la interacción de las energías planetarias que intervienen en la comparación de las cartas natales.

En el proceso de atracción, primero se produce la "conexión" entre las personas al momento de conocerse. A partir de ahí, se podrán concretar o no los encuentros siguientes que lleven a una relación íntima.

Cuando esta relación íntima se materializa en el acto sexual, ocurre lo siguiente:

En ambas personas se comienza a producir la Oxitocina, la cual es una hormona que se la conoce como "la hormona de la felicidad", la cual se genera en la glándula pituitaria ubicada en la cabeza. Esta hormona tiene un papel importante en el sistema nervioso central estimulando la comunicación entre las neuronas del cerebro.

Por investigaciones realizadas en la Universidad de California en San Francisco, se sabe que la generación de Oxitocina está asociada con la habilidad de poder mantener buenas relaciones personales y buenas conexiones a nivel psicológico con los demás.

Cuando la Oxitocina se libera durante el orgasmo, dicho estado activa una unión emocional con la otra persona. Cuanto más frecuente se haga la liberación de esta hormona, más cercana se hará la conexión entre las partes. Si lo vemos desde el punto de vista energético, se va creando una nueva energía que involucra a las dos partes.

Esta hormona también se activa durante las contracciones uterinas en el parto (creando la unión entre la madre y el bebé a nacer).

Por estudios realizados se ha comprobado que la hormona conocida como Arginina Vasopresina (AVP) o Argipresina, la cual es producida por el hipotálamo y asociada a los procesos antidiuréticos, tiene que ver con la creación de relaciones monógamas y de larga duración.

La Dra. Helen Fisher ha llegado a la conclusión luego de estudios realizados, que la presencia de Oxitocina y Vasopresina interfieren en el proceso de generación de la Dopamina y Neropinephirina, lo cual explicaría porque crece la unión en la pareja una vez que la pasión disminuye con el tiempo. Las Endorfinas, que son los calmantes del dolor producidos naturalmente por el cuerpo humano, también cumplen una función importante en las relaciones duraderas. Las Endorfinas generan una sensación de bienestar, tranquilidad, paz y seguridad. Las Endorfinas también se liberan durante el sexo, al igual que con el contacto físico con otra persona, cuando se hacen ejercicios físicos, correr y demás.

Estas hormonas se pueden definir como drogas naturales producidas por el cuerpo humano.

Hay disponible una charla TED de la Dra. Fisher donde explica en detalle este funcionamiento.

Después de ver cómo responde el cuerpo humano ante la relación con los demás y especialmente con la pareja o persona más cercana, se puede utilizar la Astrología para hacer el paralelismo entre los astros y los procesos energéticos en nuestro organismo y nuestra relación íntima con los demás.

La Sinastría nos da el mapa energético de cómo funcionan las energías básicas entre nuestras máquinas psíquicas-físicas, pero ese es solo el punto de partida. A partir de ahí, nuestras acciones y las de la otra parte, activarán los mecanismos correspondientes, y de eso dependerá el camino a seguir.

Se debe tener presente que operamos dentro de ciclos predeterminados y de la misma forma que a la primavera le siguen el verano y al otoño el invierno; nuestras relaciones pasarán por similares ciclos. Tanto la Sinastría, como los tránsitos y progresiones nos pueden ayudar a transitar nuestro camino, comprendiendo los ciclos y nuestra posición en ellos, sabiendo, ante todo, que no nos debemos olvidar de las Oxitocina, Vasopresina y Endorfinas que son las que nos ayudaran en nuestros estados de ánimo, ver las cosas de forma positiva y llevar adelante una vida plena.

Tercera parte.

El trabajo de William Masters y Virginia Johnson fue pionero en la investigación de cómo reacciona el ser humano ante el sexo. El estudio comenzó en 1957 en el departamento de Obstetricia y Ginecología de la Washington University localizado en St. Louis. Luego continuó en la institución sin fines de lucro fundada en 1964 llamada Reproductive Biology Research Foundation, renombrado luego en 1978 como Master and Johnson's Institute.

El objetivo del estudio fue el de analizar los gustos y comportamiento de las personas durante las relaciones sexuales. Si tenemos en cuenta el período durante el cual se llevó a cabo el estudio, este fue bastante revolucionario, dado que el sexo no era un tema que se trataba o se hablaba libremente a nivel social.

Se publicaron dos libros relacionados a los resultados, el primero fue '*Human Sexual Response*' en 1966 y el segundo '*Human Sexual Inadequacy*' publicado en 1970. Ambos libros fueron best sellers y se tradujeron en más de 30 idiomas.

El propósito del presente articulo no es el de profundizar en los resultados de los estudios, pero si mencionar, que las preferencias, gustos y necesidades ante el sexo no varían entre el hombre y la mujer. Previamente se veía a la mujer como una parte pasiva o relegada en el acto sexual, donde su comportamiento estaba limitado a la acción del hombre. El estudio dejó en claro que esto no era así y que no existía ninguna diferencia en cuanto a necesidades, gustos y preferencias entre el hombre y la mujer.

La Astrología nunca hizo diferencia en el sexo del nativo cuando evaluando las características sexuales de la persona en la carta natal, ya que determinado aspecto de Venus o Marte por mencionar algo, genera la misma energía más allá del sexo de la persona. Vale decir, que ya la Astrología manejaba un concepto igualitario que luego el estudio mencionado anteriormente confirmó, pero que por siglos no estuvo aceptado socialmente.

Astrológicamente las personas se definen por el signo solar, pero vale mencionar con respecto a esto, que es tan importante el signo natal como el ascendente. En muchos casos el actuar de una persona podría estar más representado por su ascendente que por su signo solar o por una combinación en diferentes grados de ambos.

Lo que sigue a continuación, solo toca por arriba un aspecto astrológico con respecto al sexo. Para tener una evaluación en detalle de la pareja, se recomienda consultar a un astrólogo. La información a continuación solo pretende dar una idea general de cómo se representa la energía de Marte según el signo donde se encuentra en la carta natal de la persona.

En la sinastría se comparan los signos, las casas, y los planetas y si bien el Sol, la Luna, Venus y Marte son preponderantes, como se mencionó en la primera parte, también pueden tener su influencia los planetas más pesados.

Si bien el signo nos puede decir de cómo opera nuestro ego, Marte nos dice como nos expresamos físicamente y cuan fuerte es nuestro impulso o necesidad sexual.

Marte en los signos de fuego como Aries, Leo y Sagitario, tiene mejor posibilidad de expresión. Las personas con esta característica son muy apasionadas y por los general toman la iniciativa sexualmente. Estas personas no funcionan bien en relaciones donde el sexo tiene baja actividad. De la misma forma que hay una gran energía desarrollada en la parte sexual, de la misma forma esta energía se puede expresar en enojo si no se la canaliza como corresponde en la relación.

Cuando Marte está en los signos de tierra como Tauro, Virgo y Capricornio, su energía es representada por la sensualidad. Marte en estos signos se presenta con la característica de vitalidad y fuerza, pero son reservados en cuanto a su vida sexual, y muy privados en este aspecto.

Uno de los problemas que se puede presentar con los signos de tierra, es que la actividad sexual puede caer en un patrón o monotonía, lo cual se puede tornar aburrido con el tiempo.

En los signos de aire como Géminis, Libra y Acuario, Marte se expresa ante el sexo igualmente en la parte intelectual como en el acto físico. El sexo se puede ver más como una diversión, donde la imaginación, los juegos, la exploración de nuevas experiencias tiene preponderancia sobre el resto. Estos nativos van a evitar la monotonía. Si bien se puede tomar esto como el lado positivo, el lado negativo estará dado por la falta de sensualidad o intimidad emocional que se podría esperar del acto sexual.

Si se busca romanticismo y sensualidad, esto se da por Marte en los signos de agua como Cáncer, Escorpio y Piscis. Marte expresa su energía con la totalidad de su ser. Tanto el sexo como la intimidad son muy importantes, pero prefieren a la calidad, que a la cantidad. Podría haber alguna excepción por el lado de Escorpio, donde se podría llegar a representar con características similares a los signos de aire. Con los signos de agua, no solo puede haber sexo, sino también se deben tener en cuenta las implicancias emocionales del mismo.

Esta síntesis general de Marte es solo para dar una idea de cómo se mueven las energías en las relaciones íntimas. La sinastría brinda una visión completa y detallada de todos los aspectos de la pareja.

Solo como comentario adicional del tema tratado hasta aquí, existen varias páginas web en las cuales se puede buscar pareja basado en el punto de vista astrológico. De la misma forma que en las páginas de citas incluyen un cuestionario sobre la personalidad, profesión, gustos y demás, lo cual se utiliza para la selección de compatibilidad entre las personas, en estas páginas, la selección se realiza basada en las cartas natales de los participantes.

Como podrán ver quedan pocas cosas por ser inventadas. En este tema se podría decir que el precursor de esto, fueron los famosos matrimonios "arreglados", donde los padres ya proponían la futura unión de sus hijos, basados en la posición de las estrellas de estos.

Universo, Sistema Solar y Astrología

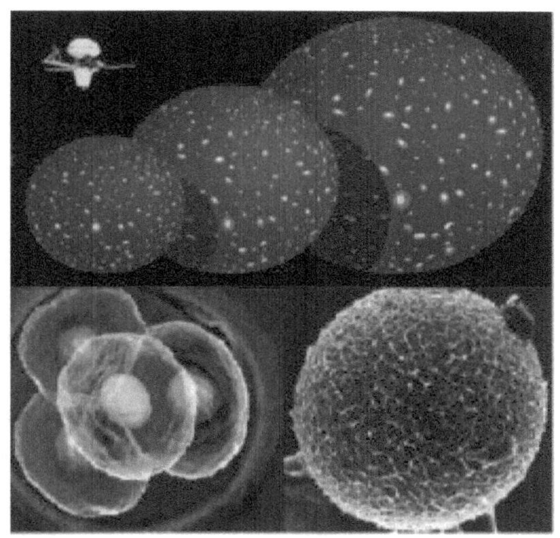

ES INTERESANTE COMENTAR sobre información conocida recientemente relacionada a la sonda Viking 2 que salió de nuestro sistema solar, como así también un nuevo estudio sobre los hallazgos de la forma del universo, el cual no es plano como se suponía, sino circular y ovoide.

Hace dos años, la sonda Voyager 2 de la NASA se convirtió en el segundo objeto hecho por el hombre en salir del sistema solar. Fue lanzado en 1977, 16 días antes de su gemelo, Voyager 1, que salió del sistema solar en 2012.

De la información recibida de ambas misiones Vikings, se supo que la región más externa del sistema solar, conocida como "la burbuja", intercambia energía en ambos sentidos, mas allá que todavía no se comprende cómo podría suceder esto o por qué. El límite del sistema solar es más uniforme y con un límite marcado más de lo que se pensaba. Viking 1 y Viking 2 salieron del sistema solar al espacio interestelar desde diferentes lugares, pero la distancia desde la tierra hasta la periferia del sistema solar fue similar, con lo cual se puede deducir que el sistema solar tiene una forma ovoide uniforme.

Además, se detectó que la influencia de la energía del sol va más allá del sistema solar, apoyando la idea de que podría tener un impacto en la evolución de los seres vivos en los mundos extraterrestres, fuera de nuestro sistema planetario, y de la misma manera, nuestro sistema solar es influenciado por energías provenientes externas a él.

En lo que respecta a la información sobre la forma del universo, más allá de ser revelador, no debería sorprendernos. Cada cuerpo celeste que conocemos en el universo, que forma parte de un sistema, tiene forma redondeada. Solo los asteroides, los cometas, y el resto de los viajeros espaciales tienen formas diferentes, y no hace falta ser un científico para entender que se trata de escombros proveniente de colisiones y otros accidentes celestes. El cinturón de asteroides en el sistema solar es el mejor ejemplo más próximo a la tierra.

Desde la antigüedad se sabía que la construcción en formas redondas era más eficiente y más en sintonía con la naturaleza, comparado con el cuadrado o cualquier otra forma. Incluso en nuestros días, se sabe que las construcciones redondas tienen mejor manejo en los cambios de temperatura, el sonido, la resistencia a las catástrofes naturales y demás.

Para las especies que se reproducen por huevos, sabemos que la forma de los huevos es redonda/ovalada. El óvulo humano, que es fertilizado por el espermatozoide, es redondo y las primeras divisiones de las células después de haber sido fertilizado, son redondas. A nuestro alrededor, así como en el universo, hay formas redondas en diferentes tamaños y composiciones, por lo cual no sería una sorpresa si el universo que conocemos también tiene esa forma.

Profundizando un poco más en el análisis de lo que encontraron las misiones Vikings, podemos comparar nuestro sistema solar con el funcionamiento de una célula humana. Nuestro sistema solar tiene un núcleo, que es el sol, similar al núcleo de cada célula de nuestro cuerpo. Sabemos que una célula sigue viviendo después que se elimina el núcleo, pero con la limitación de que esta célula no se puede reproducir. Si en algún momento nuestro Sol muriera, también lo haría nuestra existencia, pero el "sistema solar" seguiría con su funcionamiento habitual.

Cada célula de nuestro cuerpo interactúa constantemente y depende de su entorno circundante. La interacción con el medio ambiente de la célula se realiza a través de las membranas celulares que encapsulan a la célula.

Por la nueva información sabemos que nuestro sistema solar interactúa con el llamado espacio interestelar, enviando y recibiendo energía y lo que en un momento se consideró espacio vacío, sabemos que hay algo allí que conecta todo (en un punto se lo denomino éter). Estamos orientados a mirar solo en el espacio circundante de la tierra, pero es obvio que necesitamos cambiar nuestro punto de vista y comenzar a ampliar nuestros horizontes, para poder ver las cosas en contexto y con una mejor comprensión.

La astrología se basa en el principio de "como es arriba, es abajo", algo que la religión incorporó en su momento para conectar la divinidad y los humanos (así en la tierra como en el cielo). Necesitamos comprender que la observación de las estrellas originalmente no se hizo con propósitos astronómicos, sino que se hizo para entender cómo se relacionaba lo que pasaba en los cielos y su efecto en la tierra. Había un propósito práctico para la observación. A partir de esa observación, los astrólogos pudieron asociar la relación entre el cielo y la tierra, y representaron los cuerpos celestes con diferentes dioses y diosas, asignándole a cada uno de ellos, sus personalidades, preferencias y cualidades particulares, dependiendo del efecto que estos tenían en la vida cotidiana de las personas.

En el libro *"La Astrología para el siglo XXI"*, nos enfocamos en la comprensión del funcionamiento del cuerpo humano y su relación con los cuerpos celestes, y si profundizamos en el análisis de cómo funciona nuestro cuerpo humano, descubriremos a consecuencia, cómo funciona el universo y, a partir de ahí, podremos comprender o entender nuestro propósito en la vida. El mismo, está escrito en las estrellas.

Como es arriba es abajo, así en la tierra como en el cielo.

REFERENCIAS:
https://www.technologyreview.com/2019/11/04/238391/five-things-weve-learned-since-voyager-2-left-the-solar-system/
https://www.quantamagazine.org/what-shape-is-the-universe-closed-or-flat-20191104
https://en.wikipedia.org/wiki/Viking_2#/media/File:Viking_spacecraft.jpg[1]
https://en.wikipedia.org/wiki/Egg_cell

---

1.   https://en.wikipedia.org/wiki/
Viking_2#_6666cd76f96956469e7be39d750cc7d9_media_6666cd76f96956469e7be39d750cc
7d9_File_853ae90f0351324bd73ea615e6487517_Viking_spacecraft.jpg

Magia, Religión y Ciencia

SIR JAMES GEORGE FRAZER (1854–1941) fue un antropólogo Escocés de la academia en Helensburgh, Dumbarton, atendió Glasgow University (1869), Trinity College, Cambridge (1874), y paso a ser asociado de la misma (1879). In 1907 fue designado profesor de Antropología Social en Liverpool, para luego regresar a Cambridge hasta el final de sus días.

Frazer realizó estudios sobre los relatos de antiguas civilizaciones de distintas partes del mundo y evaluó de donde provenían las creencias de los mismos sobre temas como la vida, la muerte, la inmortalidad, creación del mundo y demás. Siempre tuvo presente las enseñanzas de Platón y los principios Herméticos.

Definió que el avance de las civilizaciones se da transitando tres etapas o ciclos, en los cuales Frazer define que el concepto principal que maneja cada etapa son la Magia, la Religión y la Ciencia. Fue el autor del libro *The Golden Bough - The Study of Magic and Religión* (La Rama Dorada - El Estudio de Magia y Religión) publicado en su primera edición en 1890 el cual se continuó imprimiendo hasta 1937.

Es interesante ubicarse en el tiempo que esto fue escrito ya que nos tenemos que remontar al año 1890 cuando la primera edición fue publicada, donde en ese periodo la ciencia recién estaba comenzando a tener su peso en el día a día de la gente, y la religión era la que tenía mayor peso en cuanto a la definición de los conceptos generales que afectaban a la sociedad en general.

Si nos remontamos a la antigüedad, tanto la astrología como otros métodos de análisis del movimiento de las energías personales o generales, se definían dentro de la categoría de la "Magia".

A esto le siguió la etapa o ciclo de la "Religión" (siempre hablando de Occidente) donde el clero definía las reglas de lo que era o podía ser y lo que no, y todo lo que estuviera fuera de esta regla se consideraba prohibido o diabólico. No hay que entrar en el detalle de lo que fue la inquisición o las prohibiciones que se aplicaron socialmente, aplicando castigos con hasta de pena de muerte a los transgresores. En esta etapa, tanto la astrología, como otros métodos de "evaluación" de las fuerzas que nos rodean e interactuamos a diario, pasaron al plano ilegal o de la charlatanería.

Actualmente nos encontramos en la etapa gobernada por la Ciencia, en la cual todo y absolutamente todo, para ser aceptado, tiene que pasar por el riguroso proceso de prueba científica, y todo aquello que no califique con esta premisa, si bien no está prohibido, se lo deja de lado como no existente o inexplicable. Es simplemente considerado "new age" o seudo religión o creencia.

Lo interesante de lo que está sucediendo a través de la evolución de la mecánica y física cuántica, es que los principios científicos en los cuales se basaban estas ramas de la ciencia, cambiaron. Existe la lucha interna dentro de la ciencia, donde todavía la línea "tradicional" de la ciencia no acepta totalmente o mira de reojos, si se puede llamar así, a la nueva corriente que acepta que el funcionamiento de las cosas (incluido el cuerpo humano) desde un punto de vista totalmente diferente. La ampliación del conocimiento de cómo es el movimiento de la energía, las frecuencias, las vibraciones, el ADN, el funcionamiento de las células, las células madre, el efecto de las vibraciones (sonidos) en el agua y tantos otras cosas, están llevando a replantear los principios básicos conocidos por la ciencia tradicional.

A través de los artículos publicados en relación con los nuevos conocimientos científicos y la astrología, estamos en el proceso de validación científica de la astrología, para definirlo como método válido de medición de las fuerzas interiores y de las que nos afectan a cada momento. Esto es así, ya que en este momento, y se debe enfatizar esto, es por el ciclo en que nos encontramos (ciencia), en orden de llegar al común de la gente en forma masiva y aceptada (a través de los medios de comunicación masivos), hay que pasar por el proceso de validación por la ciencia.

De la misma forma que en la ciencia existen al momento dos corrientes como se mencionó anteriormente, la astrología está entrando en similar análisis. La visión tradicional trata los conocimientos como algo separado del plano donde nos encontramos, mientras que la nueva tendencia basada en nueva información científica disponible suma el conocimiento ancestral en adición a los nuevos mecanismos descubiertos por la ciencia, para explicar el porqué de lo que la astrología enuncia. Digamos que es un proceso similar al que sucedió con la ciencia con el descubrimiento del ADN y las implicancias que eso tuvo en la biología y está teniendo en la medicina en general.

Todo es movimiento (vibración), nada es estático (concepto de la física cuántica), nada está escrito en piedra. La conciencia tiene el poder de cambiar las cosas y la astrología marca los caminos que la persona puede seguir para elevar la misma.

PICATRIX

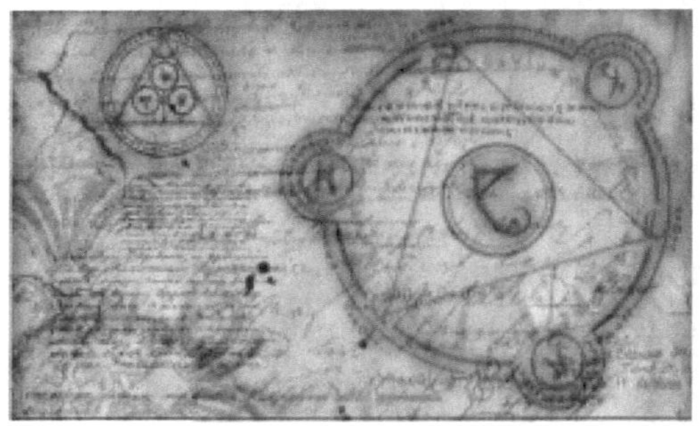

SE CONOCE COMO PICATRIX a los libros de magia y astrología editados originalmente en árabe en el siglo XI, los cuales fueron traducidos al español y al latín dos siglos más tarde.

Los libros tratan de cómo lograr determinados efectos o influenciar eventos futuros a través de la confección de distintos tipos de elementos con distintos materiales, pedidos y usando determinados colores en determinados días y horas en la semana. Se puede simplificar diciendo que se intentaba producir cambios a través de un proceso alquímico.

Es interesante analizar la información contenida en estos libros, no desde el punto de vista mágico o esotérico, sino que, con toda la información disponible hoy día, lo podríamos analizar desde otro punto de vista diferente.

Comencemos por entender que, tanto en la antigüedad como en la actualidad, lo que no se puede explicar por términos científicos pasa a ser pseudociencia, o esotérico, o creencia. Si bien la astrología todavía pueda ser considerada como algo fuera de la corriente normal dentro de la ciencia, esto está cambiando a medida que nueva información basada en la aplicación de nuevas tecnologías, demuestra en detalle el funcionamiento de las cosas.

Son innumerables los casos donde la astrología determina por anticipado como va a ser el movimiento de las energías y las probables consecuencias que esto puede tener tanto en la persona, como en hechos o entidades. Aquel que ignore dicha realidad, se puede decir que actúa bajo una programación similar con un fundamentalismo religioso, donde solo se acepta una creencia y no se analizan las cosas tomando en cuenta toda la información disponible.

Como se ha mencionado en varias ocasiones y en detalle, cada planeta genera determinado tipo de energía, sonido, vibración, frecuencia y como con el resto de las cosas, cada color, elemento, día de la semana, y hora del día tienen también las mismas características. Recordemos que hoy día se puede registrar hasta el sonido

de una célula, al igual que la frecuencia que genera un pensamiento. El solo mencionar esto en el siglo XI posiblemente hubiera sido causa suficiente para ser juzgado por hereje y sentenciado a la hoguera.

En Picatrix se describe los elementos y pasos a seguir para cuando se está en busca de determinado resultado. Es tan amplio, que contiene detallada información desde cómo lograr hacer el antídoto para la picadura de un escorpión, hasta cómo lograr prosperidad.

En síntesis, explica cómo utilizar las energías disponibles alrededor nuestro ya sea de los planetas, como de los elementos que se encuentran en la naturaleza, todo bajo un aspecto estrictamente condicionado por la metodología, momento y elementos intervinientes.

A Picatrix en su momento se lo identifico como magia, hoy día podemos decir que es simplemente un manual de procedimientos del manejo de las energías.

Cartas Natales, Cartas de Elección y Revoluciones Solares

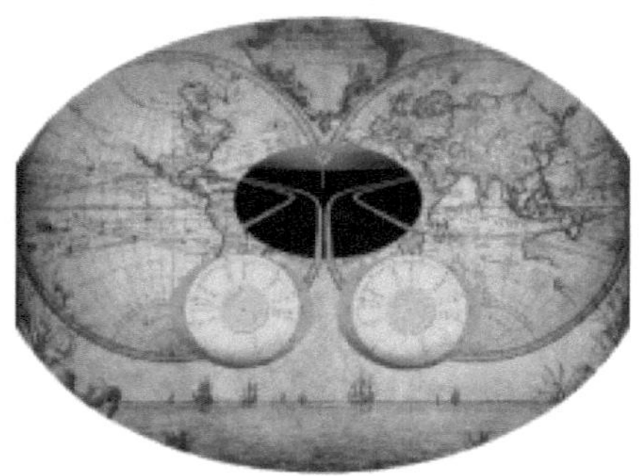

COMO SABEMOS LA CARTA natal es el mapa astral que se traza tomando la fecha, la hora y el lugar de nacimiento. Basado en esa información, dependerá la posición de las casas, los planetas, el ascendente y los aspectos planetarios. Este conjunto da las características y los ciclos a venir de lo creado en ese momento.

La astrología es más que solamente la carta Natal; existen las cartas de Elección, las Revoluciones Solares, la de Sinastría y las cartas de Reubicación.

Las Cartas de Elección son aquellas donde se estudia previamente la fecha y la hora adecuada para comenzar algo. Lo que se comience, que puede ser la contratación de algo, el comienzo de un proyecto, una unión personal y demás cosas que tienen un comienzo, van a tener las características y ciclos energéticos determinados por las cualidades de ese momento.

Solo a modo de ejemplo, John Flamsteed, que fue el primer astrónomo de la corte de Inglaterra (y astrólogo), luego de analizar los astros, eligió fundar el observatorio de Greenwich el 10 de agosto de 1675 a las 15:14 hs.

Sin ninguna duda su análisis previo fue el correcto y logro el objetivo que se buscaba, ya que cientos de años después el observatorio sigue siendo famoso y conocido a nivel mundial.

Se puede hacer una carta de elección para cuando se firma una sociedad, se comienza un negocio nuevo y tantas otras cosas importantes que uno las quiere ver exitosas en el tiempo. Los casamientos entran dentro de este tema, más allá que en este caso en particular como en las sociedades, también se debería haber realizado la sinastría correspondiente entre los integrantes de este.

La razón por la cual se puede hacer la evaluación del futuro próximo de un país, se da por el análisis de la carta natal del país, la cual se determina por la declaración de su independencia o reforma sustancial de su carta magna.

Otro tema que pueda no sea de público conocimiento es la Revolución Solar. Esta es la carta que se realiza teniendo en cuenta la carta natal original (por la posición del Sol en exactos grados y minutos al nacer) y el lugar donde se pasa el cumpleaños.

Consideremos que uno celebra el día del cumpleaños el día calendario del nacimiento, pero astrológicamente esto puede variar. Por ejemplo, un año bisiesto, donde febrero tiene 29 días, los nacidos del 1ro de marzo en adelante, se les agrega un día a sus calendarios. Así que más allá que tradicionalmente celebremos nuestro cumpleaños el día que nacimos, astrológicamente este puede variar un día o por lo menos algunas horas comparado con la hora original de nacimiento.

Con esto aclaramos sobre cuando puede caer el día del cumpleaños, ahora veamos de que se trata la Revolución Solar.

Se confecciona una carta de nacimiento tomando en cuenta el lugar donde se cumple años y cuando la posición del Sol coincide con la de la carta natal.

Si la persona vive en el mismo lugar donde nació y no ha cambiado de ciudad para cumplir años a lo largo de su vida, el Sol completará un ciclo cada 12 años donde ocupará una casa diferente cada año. En la casa que cae el Sol, se puede interpretar como el tema donde uno enfoca la energía del año, también considerando las casas donde están los otros planetas. Esto significaría que la persona en su proceso evolutivo puso su energía a lo largo de 12 años en cada uno de los aspectos de su persona y vida de relación.

La carta de la Revolución Solar tiene validez de un año y por lo general, es común que los efectos de esta se pueden comenzar a manifestar hasta un par de meses antes del cumpleaños.

Tanto la carta natal, como la revolución solar como las cartas de elección, el lugar y hora donde ocurren son los determinantes de las características y ciclos energéticos desde el comienzo en adelante. Donde y cuando nacemos está fuera de nuestro control, pero en la revolución solar como con las cartas de elección tenemos la posibilidad de decidir.

Si cambiamos el lugar donde cumplimos años, con un movimiento en el eje este/oeste, podemos variar el lugar donde estarán los planetas. El diagrama de los planetas entre si no varía, lo que varía son las posiciones en las casas. Solo como ejemplo, un Plutón en casa I tendrá un efecto muy diferente con un Plutón en casa IV. Sabemos del efecto que puede tener en la casa IV y dependiendo las circunstancias del momento, si lo pudiera mover a la casa I, cambiando el lugar del cumpleaños, evitaría la manifestación de esa energía en el hogar y la pasaría a tener como característica en la personalidad. Esto no se debe tomar literalmente ya que se debe analizar el conjunto de planetas y casas, pero es solo para dar una idea de cómo funciona.

La energía del planeta va a estar presente, pero representada de distinta forma según en la casa donde se mueva. Este es un tema interesante para ser avaluado unos meses antes del cumpleaños, para saber cómo vienen las energías y dependiendo de eso, ver si es conveniente y posible, cambiar de lugar para pasar el aniversario.

Las cartas de elección, como se mencionó con el observatorio de Greenwich, son muy importantes. En el blog hay un artículo sobre la Asunción Presidencial de Biden en Estados Unidos, donde se pronostica tiempos difíciles para la administración que asumió el 20 de enero del 2021 a las 12 del mediodía en Washington DC. Esta fecha ya estaba preestablecida y pueda que en ocasiones anteriores haya funcionado como se esperaba, pero en esta oportunidad, no presenta un buen presagio para los 4 años que vienen debido a los aspectos planetarios presentes.

Tanto a nivel personal, como para instituciones y países, es fundamental comprender que nos movemos dentro de ciclos energéticos, los cuales son naturales y funcionan fuera de nuestro control. La astrología nos brinda su conocimiento milenario el cual nos permite manejar ciertos aspectos, principalmente para minimizar el efecto en periodos de energía negativa.

Por lo general no tenemos en cuenta que para cambiar las cosas mirando al futuro, primero tenemos que tomar acción y cambiar las cosas en el presente. Si sabemos del ciclo que se aproxima no nos favorece, analicemos las posibilidades que tenemos para sobrellevarlos de la mejor manera posible. No podemos evitar que llueva, pero si podemos decidir qué hacer en un día lluvioso.

Propósito de Vida, Evolución y la Astrología

PUEDA QUE ALGUNOS SE pregunten cuál es su propósito de vida, que métodos hay para poder evolucionar y en resumidas cuentas, lo que se busca es entender que es la vida y como llevarla adelante de la mejor manera posible.

Queda claro que el tener mucho dinero ayuda con los quehaceres de la vida, pero como vemos a diario en las noticias, esto no garantiza una vida feliz. Las noticias sobre la clase gobernante, los artistas y demás personalidades denotan que los mismos tienen los mismos problemas personales, familiares y de salud que el resto de los demás mortales. Y al mencionar los mortales, vale también recordar que todos morimos en esta vida, más allá de a qué clase social pertenecemos, cuanto poder o dinero tengamos, incluido aquellos que se congelan para ver si pueden revivir más adelante.

Así que una vez aclarado este punto vayamos a lo que nos interesa. Cuál es nuestro propósito de vida y que es la evolución. Más allá que cada uno crea en la reencarnación o no, todas las religiones y creencias espirituales hablan de que hay vida en otro plano, y que esa vida va a depender de como llevemos adelante la presente para saber que nos toca en el próximo nivel.

Es correcto pensar que lo que tenemos que hacer en esta vida, ¿está condicionando a lo que viene después?, o por lo contrario se tendría que mirar a esta vida como única, y ver como uno la pueda llevar adelante de la mejor manera más allá de lo que venga después.

Si estamos tan interesados en ver la vida que le sigue a esta, también tendríamos que preguntarnos desde donde venimos para llegar a la presente vida. Muchos piensan en el después, pero parece que pocos han considerado de dónde vienen.

Para nada este artículo tiene la intención de involucrarse en aspectos religiosos, ya que hay tantas religiones y creencias que sería difícil de evaluarlas a todas, especialmente cuando cada una dice ser la verdadera, y que tiene la razón y con su propio dios. Con lo cual, ¡quién va a meterse en ese rollo!

Para aquellos que en este momento se estén preguntando ¿y la astrología que tiene que ver en todo esto? Les pido un poco de paciencia que ya vamos en camino a esa parte.

Primero se deben aclarar ciertos temas, ya que, si no nos situamos en tiempo y espacio, el solo hecho de nombrar los signos y planetas no tendría sentido. Estamos hablando de propósito de vida y evolución.

Todos nacemos con ciertas características genéticas heredadas, pero nuestra carta natal nos da una información adicional de lo que somos, que la mayoría de las veces está mal interpretada o usada. No olvidemos que el medio ambiente es condicionante, no es lo mismo haber nacido en un palacio que en un refugio en la calle, ya que, más allá de que las cartas natales puedan ser iguales para dos bebés nacidos a la misma hora y en la misma ciudad, las características genéticas y el medio ambiente incidirán fundamentalmente en el desarrollo de la vida de la persona, y acá nos adentramos en la primera de las cosas importantes a comprender, y es que, el propósito de vida de las dos personas son las mismas.

Acá hagamos un alto porque pueda que para alguien no haya quedado claro. Este punto es básico.

Sea un príncipe o un mendigo, la persona tiene un propósito de vida. Para el príncipe, pueda que el aprendizaje de las artes, la ciencia y gobierno sean cosas importantes y cotidianas, y esto es algo que para el mendigo no lo son. Pero el propósito de vida es algo muy diferente a la presencia social (casa X) o al nivel de ingresos (casa II), o al trabajo que tenga (casa VI).

Una persona pueda llegar a ser el presidente de un país, por ejemplo, y podría decir llegue a lo máximo de mis aspiraciones. Lo mismo para un deportista que logra un título, un escritor que logra un "best seller", un artista que gana un Oscar y demás. Todas estas personas pueden lograr fama y dinero a nivel personal, pero nada dice en realidad de cómo son realmente como personas, como seres humanos, como únicas entidades de carbono viviendo en el planeta tierra.

Pueda o no que cada una de esas personas se sienta bien, o plena, pero el resultado no se da por el logro obtenido en un momento en particular por la fama o las riquezas adquiridas, sino por el grado evolutivo que esa persona desarrolló en todos los aspectos de su vida. Por lo general, evaluamos a la persona por su éxito profesional o posesiones que tenga, pero eso solo es una parte de la persona, es una pequeña parte que se refiere simplemente a su vida material.

En la carta natal podemos ver los distintos aspectos y características básicas de la persona. En la carta se pueden ver tantos sus potencialidades, como sus debilidades. Cada persona está compuesta por este tipo de rompecabezas. Nadie es todo potencial y nada de debilidad. Pero dentro de ese rompecabezas que somos, podemos decir que puede haber personas con mayor grado de aspectos positivos que otras, o viceversa, pero esto solo muestra el punto de partida de lo que será la vida.

Lo que se muestra en la carta natal son simplemente las herramientas y características con la que uno cuenta, las cuales requerirán un mayor o menor esfuerzo durante la vida para evolucionarlas. No es ni bueno ni malo, es lo que es.

Para aquellos que creen en la reencarnación, este aspecto dependerá de las acciones de las vidas pasadas. Dependiendo que karma acumularon en las vidas pasadas, es lo que les toca en la vida presente, pero puede haber otras variadas y múltiples interpretaciones.

Hasta aquí podríamos decir que el propósito de vida está dado por la combinación en exaltar los aspectos positivos de la carta natal, y trabajar hasta eliminar los aspectos negativos de la misma.

Este proceso no tiene nada que ver con el éxito, el cual se puede dar por condiciones fortuitas y aspectos astrológicos que acompañen, pero nada tiene que ver con el propósito de vida de la persona. El propósito de vida se verá cumplido, solo si es que se logra cumplir con el objetivo marcado, y esto se determina solamente al momento de la muerte. La persona en las postrimerías de la muerte será su propio juez y determinará en qué grado logró su objetivo o propósito de vida.

Aquella persona que haya cumplido con su propósito de vida, no le tendrá miedo a la muerte. Y esto porque simplemente es una persona plena, vivió su vida estudiándose a sí misma, conoció sus fortalezas y las usó plenamente, y también conoció sus debilidades y las superó. No dependió de nada ni de nadie externo. El proceso es interno y es personal.

Si no se habló mucho del proceso evolutivo hasta ahora, es porque hay que entender el final de la película para poder comprender el desarrollo.

La astrología muestra a las claras en la carta natal cuales son los aspectos de la persona. Si la persona es consciente de ellos, los racionaliza y comprende, a partir de ahí podrá usar la astrología como mapa de ruta en su proceso evolutivo.

Esto es así, ya que, desde el momento de nacer hasta la muerte, cada uno va a pasar por determinados ciclos energéticos los cuales determinan o condicionan los momentos favorables o no para determinada acción o decisión.

Si queremos disfrutar de un día de playa cuando hay una fuerte tormenta, lo más probable que no tengamos una buena experiencia y la consideremos como un mal día. En cambio, si ese mismo día, decidimos quedarnos en casa, ver una película o leer un libro, lo más probable que el día pase sin más contratiempos y pase a ser un día normal o un día más. El resultado dependerá de nuestras acciones y de como nosotros nos adaptamos a determinado momento. Las cosas pueda que no sean cómo y cuándo nosotros las queramos. La vida es constante cambio y movimiento, el secreto está en navegar estas variables, y no de confrontarlas.

En nuestra carta natal podemos considerar como restricciones a Saturno en primer lugar y luego los aspectos del Sol y la Luna entre sí o con los planetas como Saturno, Urano, Neptuno y Plutón. Los aspectos como cuadraturas, oposiciones y conjunciones entre el Sol, la Luna y estos planetas, pueden llegar a ser condicionantes y son nuestras debilidades para superar.

Como se podrá ver, no se mencionó ningún signo astrológico hasta ahora. Esto es porque más allá del signo y ascendente de la persona, estos aspectos mencionados son condicionantes por si solos.

El conocer nuestra carta natal y comprender cuales son nuestras fortalezas y debilidades es el punto de partida de nuestro proceso evolutivo. Las personas y hechos que intervengan en nuestra vida son simplemente "actores o acciones" que representan las energías que emanamos. Y estas energías no son ni más ni menos que las representadas por los signos, planetas y aspectos en su estado bruto o natal. A medida que uno va avanzando

en la vida y determinados aspectos planetarios se van dando, tenemos la posibilidad de pulir los aspectos brutos de nuestra personalidad, al igual que tomar determinadas acciones cuando los aspectos favorables nos permiten desarrollar aún más nuestros potenciales naturales.

Como un futbolista que ya tiene una habilidad natural con el pie desde nacimiento, este requerirá de cierto entrenamiento diario para desarrollar sus cualidades físicas, como así también, eliminar errores personales en el juego que no aportan al funcionamiento del equipo. No se puede ser un profesional pleno, cuando la habilidad natural no está acompañada por la superación de las falencias propias.

Como se puede ver, el paralelismo entre la vida de un deportista profesional y la vida en la tierra, no son muy diferentes. Todo requiere cierto esfuerzo y sacrificio, si se quiere llegar al objetivo o propósito más allá de las aptitudes o condiciones con las que uno cuente.

El aporte de la astrología al proceso evolutivo de la persona es fundamental, y por lo general no es un concepto que se entienda, se conozca o se difunda. La mayoría de las consultas astrológicas se relacionan al dinero, salud y amor, y si bien estos son elementos importantes en la vida de cada uno, lo que se pierde al ir directamente a estos aspectos, es que antes de poder avanzar hacia las cosas externas, primero nos debemos adentrar en nosotros. Entender porque cada uno hace lo que hace, piensa lo que piensa, le gusta o no determinada cosa. Que es lo que motiva a la persona y por qué. Mientras nos enfoquemos en los aspectos externos sin adentrarnos en la fuente de lo que somos y conocernos en lo más profundo, iremos evolucionando a los tumbos, ya que el juego de la vida tiene ayuda integrada.

La astrología nos da la posibilidad de tomar el control de nuestra vida y ayudarnos a comprender nuestro propósito y a su vez servirnos de guía, para evitar como ya mencionamos, ir a la playa un día tormentoso esperando pasar un día a pleno sol.

Siempre seremos nosotros los que decidamos qué camino tomar, la clave está en usar correctamente nuestro libre albedrío y la astrología nos ofrece su conocimiento para ello.

La Evolución de la Conciencia

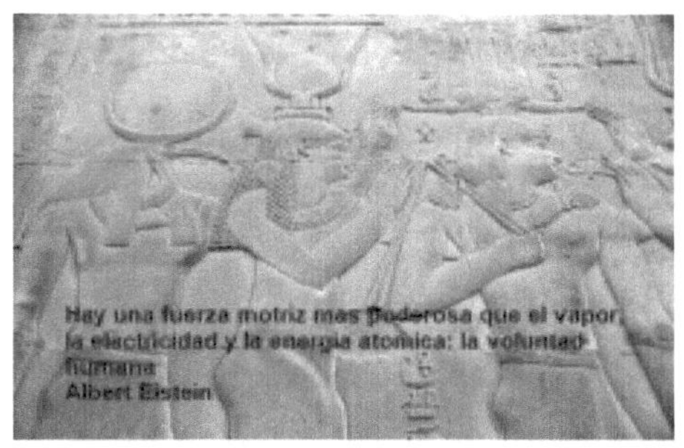

FRECUENTEMENTE TOCAMOS el tema sobre la necesidad del aumento de nuestra conciencia o nuestra superación como seres humanos. En este sentido la astrología tiene bases que sirven para el 'autoconocimiento' y desarrollo personal. De poco vale hablar de los ciclos energéticos que transitamos, si no somos 'conscientes' de cómo somos, de nuestras virtudes y de nuestros defectos. Uno concurre a los establecimientos educativos para adquirir conocimiento, para saber más, esto se hace porque precisamente el 'conocimiento' es lo que lleva a la persona a tomar mejores decisiones en su desarrollo de vida. Esto va desde cómo hacer un pastel hasta construir un edificio.

Según Wikipedia, conciencia se define como:

La conciencia (del latín conscientia, «conocimiento compartido», y este de cum scientia, «con conocimiento»,) se define, en términos generales, como el conocimiento que un ser tiene de sí mismo y de su entorno. También puede referirse a la moral o a la recepción normal de los estímulos del interior y el exterior por parte de un organismo.

También existe otra parte que si bien esta separado como concepto en Wikipedia, tendría que evaluarse en conjunto, el cual es la 'Conciencia Psicológica', la cual se define como:

La conciencia psicológica (en inglés: psychological mindedness) refiere a la capacidad de una persona para el autoexamen, la autorreflexión humana, la introspección y el insight. Incluye la capacidad de reconocer los significados que subyacen en las palabras y acciones abiertas, para apreciar los matices emocionales y la complejidad, para reconocer los vínculos entre el pasado y el presente, y la comprensión de los motivos e intenciones propios y de los demás. Las personas con conciencia psicológica tienen un insight superior a la media de la vida mental.

Dane Rudhyar, seudónimo de Daniel Chenneviere, nacido en Francia, vivió desde fines del 1800 hasta 1985. Fue un músico, compositor y astrólogo y su principal aporte fue la de relacionar el aspecto psicológico con la astrología. Se puede decir que Rudhyar dio lugar al nacimiento de la 'psicología astrológica'. Rudhyar tomo en consideración los desarrollos del psicólogo suizo Carl Jung, y su trabajo consistió en sintetizar ese conocimiento dentro de la astrología.

La relación entre la conciencia, la conciencia psicológica y la astrología es bien estrecha.

Ahora bien, ¿qué significa aumentar nuestra conciencia?

Puede que haya distintas interpretaciones al respecto, pero todas tendrían que llegar a una definición común, la cual es que la persona debería conocerse a la perfección (sus virtudes y sus defectos), al igual que tener el conocimiento real del medio ambiente y condiciones donde vive.

Este concepto que pareciera muy simple y básico, con seguridad no lo cumplen la mayoría de las personas hoy en día. Ya sea porque no se conocen (o lo saben o intuyen, pero lo ocultan) y/o su 'negociación permanente' con su medio ambiente, condicionante que puede llevarlas a aceptar cosas o situaciones que no son buenas, y en algunos casos hasta inaceptables.

Cuando alguna de estas dos condiciones está presente, trabajan como obstáculos infranqueables para el desarrollo de la conciencia personal y en consecuencia grupal. No hay que ser un sabio para comprender que sucede si ambas están presentes.

Si un grupo de personas con estas características conviven en una casa, un pueblo, una ciudad, un país, dependiendo del volumen, crean una masa crítica que retroalimenta un medio ambiente nocivo el cual hace muy difícil el desarrollo personal o de conciencia.

Cuando hablamos de conocimiento, no es solo el hecho de saber, sino precisamente que es lo que se hace con ese conocimiento. El buen uso del conocimiento lo podemos definir como evolución o desarrollo de la conciencia.

Wikipedia define la sabiduría como:

La sabiduría o sapiencia, es un carácter que se desarrolla con la aplicación de la inteligencia en la experiencia propia, obteniendo conclusiones que nos dan un mayor entendimiento, que a su vez nos capacitan para reflexionar, sacando conclusiones que nos dan discernimiento de la verdad, lo bueno y lo malo. La sabiduría y la moral se interrelacionan dando como resultado un individuo que actúa con buen juicio. Algunas veces se toma a la sabiduría como una forma especialmente bien desarrollada de sentido común.

¿Cuánto tiempo de nuestra vida en el día o en la semana le dedicamos a nuestra desarrollo mental o espiritual, a elevar nuestra conciencia? La respuesta es muy fácil, poco y nada. Consideremos que cuando se menciona desarrollo espiritual, ¡este no tiene nada que ver con la religión!

Si bien estamos atareados con el trabajo, el estudio, o los quehaceres de la casa, o los hijos y demás, siempre hay tiempo para ver las redes sociales, videos, ir al gimnasio, a la peluquería, ver Netflix o cualquier otra actividad que nos demande por lo menos una hora en el día. En la mayoría de los casos las actividades nos tienen ocupados 'todo el día'. Así se mueve nuestra sociedad en la actualidad, mucha actividad, pero poco contenido que se enfoque en el desarrollo personal. Como que hoy día rara vez se piensa en el desarrollo de la conciencia personal, que en definitiva es la base del desarrollo de uno, como el de la familia y del lugar donde se vive.

¿Pero cuáles son los pro y contra de un pobre desarrollo de conciencia?

Por las definiciones de Wikipedia expresadas anteriormente, queda claro que el conocimiento tanto personal como ambiental conllevan a una mejor toma de decisiones en nuestra vida. Si nosotros ignoramos este conocimiento, podremos avanzar como un barco sin timón donde las olas son las que determinaran el rumbo. Nacemos con timón, pero dependiendo de nuestra evolución de consciencia, a este lo podemos perder.

Para transitar los tiempos que se avecinan se requerirá tener un alto grado de consciencia. Las condiciones que se puedan manifestar a nivel global no van a permitir ocultar esa parte que cada uno pueda tener, que sabe que tiene, pero no muestra o tapa, de la misma forma que no será posible el 'negociar con el medio ambiente' cosas que no tienen sentido.

Por si no queda claro lo expresado, vale este ejemplo.

La paranoia de ciertas personas por la pandemia, el encierro y los contagios, habla de seres con poco desarrollo de consciencia y quedo a las claras las consecuencias que esto trae.

La pandemia nos puso ante la evidencia y realidad que somos mortales, ¿es eso alguna novedad, concepto nuevo o nuevo descubrimiento? Todos sabemos que en algún momento vamos a morir y esa si es una verdad ineludible en esta vida, entonces ¿porque el terror que muchos sufren, acaso le quieren escapar a la muerte? ¿O piensan que van a morir más adelante en un tiempo indefinido o cuando ellos quieran?

El que piense así no está en contacto con la realidad, ha tapado sus miedos con otras cosas y como se ve, estos miedos salen a la luz en el peor momento. Es imposible escaparle a la realidad, de alguna manera se manifiesta en la persona.

Todos aquello que se sientan con miedo o paralizados por la situación tendrían que hacer un examen de consciencia. De no resolverse ese tema que es importante (y estamos hablando solo de uno), luego de la pandemia, vendrán otras situaciones que hagan responder a la persona de forma 'desequilibrada'. La falta de contacto con la realidad tiene sus consecuencias, tanto en uno como en el medio ambiente con el cual se relaciona. Los problemas hay que enfrentarlos no taparlos o negar que existen.

El desarrollo de la conciencia tendría que ser parte fundamental dentro de la educación de las personas, algo que no lo es. Muchos de los miedos y fracasos durante la vida, son consecuencia de esta falta de conciencia (falta de contacto con la realidad, que es uno de los aspectos en la definición de conciencia).

Las consecuencias sufridas por las inadecuaciones propias no son culpa de los astros, aunque si se puede afirmar a través de cientos y cientos de casos analizados astrológicamente, que ante un bajo nivel de conciencia los aspectos duros astrológicos son más duros y los periodos beneficiosos pasan sin grandes cambios. Tenemos que ser 'conscientes' que en algún momento debemos hacernos cargo de nuestro desarrollo de conciencia.

En los tiempos que se avecinan muchas cosas saldrán a la luz y muchas realidades virtuales dejarán de serlo.

Es el momento de dedicarse a trabajar en uno mismo y reconocer y sacar a la luz esas cosas que se mantienen ocultas; de la misma forma que es momento de enfrentar y dejar de negociar con un medio ambiente nocivo que no permite llevar adelante nuestro proceso evolutivo. Bastante tiempo ha durado este desajuste.

Aquellos que se sientan identificados con parte o todo lo expresado en este libro, solo tienen que pensar que no están solos. Son consecuencia de una manipulación social muy bien pensada y orquestada. Pero el espíritu y la conciencia humana es superior a todo, como lo expreso Albert Einstein, '*Hay una fuerza motriz que es más poderosa que el vapor, la electricidad y la energía atómica, la voluntad humana*'.

No se sientan perdidos, el solo reconocimiento de la situación ya es un gran paso en la dirección correcta. Saquen fuerzas de donde no la hay, porque les aseguro que valdrá la pena el esfuerzo. No hay nada más hermoso y gratificante que poder ver la 'realidad' tal como es y no como la 'matrix' que nos quieren hacer ver.

Para aquellos que con partes del libro se pudieran haber sentido tocados o los haya hecho sentir incomodos, solo piensen que es su ego el que está respondiendo, el cual los domina y los maneja.

Solo piensen que el camino que les tocará recorrer en un futuro no muy lejano, el cual ya se perfila en el horizonte, habrá lugar solo para aquellos que han desarrollado su conciencia. La tierra está cambiando, está evolucionando, está subiendo su frecuencia. Los humanos que acompañen este proceso también deberán subir su frecuencia y estar alineados con la misma. Todavía queda tiempo para comenzar, no es mucho.

www.elnuevocamino.com

About the Author

Edu Petriati informático y astrólogo introdujo en el 2018 una nueva mirada sobre la astrología con el libro La Astrología en el Siglo XXI, al que le siguió La Astrología en el Siglo XXI – Evolución. Su basta carrera en el sector tecnológico y tras años de estudiar y practicar la astrología, presenta este libro como una propuesta buscando adentrar en el porque de la vida, lo antes y después de pasar por este plano y ver el propósito detrás las cosas.

Read more at www.elnuevocamino.com.